利 群 工 业 文 化 译 丛

The
Mercantile System
and
Its Historical Significance

重商主义制度
及其历史意义

Gustav von Schmoller

［德］古斯塔夫·冯·施穆勒 著

［英］威廉·阿什利 英译 严鹏 译注

东方出版中心

图书在版编目（CIP）数据

重商主义制度及其历史意义 /（德）古斯塔夫·冯·
施穆勒著; 严鹏译注. 一上海: 东方出版中心,
2023.5

ISBN 978-7-5473-2150-8

Ⅰ.①重… Ⅱ.①古… ②严… Ⅲ.①重商主义—研
究 Ⅳ.①F091.31

中国国家版本馆 CIP 数据核字（2023）第 007997 号

重商主义制度及其历史意义

著　　者	[德] 古斯塔夫·冯·施穆勒
译注者	严　鹏
责任编辑	刘　鑫
装帧设计	热带宇林

出版发行	东方出版中心有限公司
地　　址	上海市仙霞路 345 号
邮政编码	200336
电　　话	021-62417400
印 刷 者	上海盛通时代印刷有限公司

开　　本	890mm×1240mm　1/32
印　　张	5.75
字　　数	88 千字
版　　次	2023 年 5 月第 1 版
印　　次	2023 年 5 月第 1 次印刷
定　　价	68.00 元

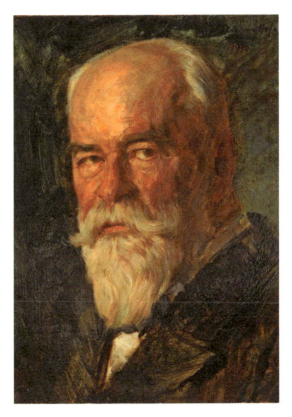

古斯塔夫·冯·施穆勒(1838—1917)

译丛主持者、本书译注者：严鹏

目　录

导　读

严　鹏

德国经济学家古斯塔夫·冯·施穆勒（Gustav von Schmoller）的经典作品《重商主义制度及其历史意义》（*The Mercantile System and Its Historical Significance*）是其最有影响力的代表作之一。作为新的中译本的译者，我简单地为本书的读者介绍一下施穆勒与该书的背景、译本的缘起和若干问题，以及这本 19 世纪的小册子在今日世界的价值。

一、经济学的历史学派

施穆勒属于 19 世纪兴起的德国经济学的历史学派（Historical School）。在今天的经济学乃至经济思想史教科书中，很难见到该学派的踪影，但是，在历史上，该学派曾经煊赫一时。

在西方经济学的发展史上，亚当·斯密（Adam Smith）是一个分水岭。在亚当·斯密之前，西方世界盛行的经济思想正是施穆勒所研究的重商主义，以及18世纪法国兴起的与重商主义相对立的重农主义。严格来说，重商主义这个词，是亚当·斯密创造出来的一个模糊的概念，用来批判他所反对的一系列经济思想与经济实践。这些经济思想与经济实践，既包括特权商人的垄断与寻租，又包括国家对制造业和贸易的干预政策。因此，被笼统称为重商主义的思想与实践，其实包含着从15世纪到18世纪西方经济观念与经济活动的方方面面，其中某些主张与行为甚至是截然对立的。但不管怎么说，直到19世纪前，西方世界确实存在着一种较为普遍的国家干预经济的思潮，并伴随着实践活动。这种干预，主要体现在国家出面培育制造业，以贸易限制的手段追求商业利益，追求贵金属的净流入，并在殖民扩张的争斗中发动野蛮的战争。然而，也是靠着这一系列举措，西方部分国家率先完成了资本原始积累，为工业革命的到来扫清了部分障碍，并建立起由西方支配东方的世界体系。因此，重商主义不是一个纯粹的经济或经济学概念，而是一种富国强兵的政治经济学与政治经济实践。重商主义的这种政治与经济密切结合的属性，恰好是施穆勒所主张的学术观点，而这种认识，与亚当·斯密发明这个词语的初衷，是有所偏差的。

亚当·斯密造出重商主义这个词，是为了对国家干预经济以及商人追求垄断等现象进行批判。在某些方面，斯密时代的英国仍然是一个最典型的重商主义帝国，但自由放任的经济思想已经日益壮大。斯密堪称这种自由放任思想的历史代言人。从斯密的理论出发，英国的古典经济学旗帜鲜明地以自由贸易、自由竞争等经济主张为其内核，对传统上国家深度介入经济的重商主义实现了思想革命。不过，复杂之处在于，斯密在其不朽经典《国富论》中，对英国采取的由《航海法令》等体现的重商主义政策是不吝赞美的，因为斯密认为国防比国富重要得多，而重商主义政策巩固了英国的国防。毫不意外的是，施穆勒认为斯密对待重商主义的双重标准具有讽刺性。

但最早讽刺斯密的不是施穆勒。在施穆勒之前，他的德意志同胞弗里德里希·李斯特（Friedrich List），就质疑过斯密的双重标准。李斯特认为，以斯密为代表的英国人依靠重商主义实现富强后，却告诉落后国家重商主义没有用，这就好像一个人借着梯子爬上高处后却把梯子一脚踢开，令后来者无法登高。为了揭露英国人的双重标准，李斯特借助了历史的方法，即翔实地记录英国人实践的历史，从而使英国人的理论在事实面前不攻自破。这一历史方法，比起斯密和英国古典经济学家发明的抽象分析方法，从纯粹理论上说，无疑倒退了一步，但抽象分析往往空转于事实之外，因此与事实脱节，历史方法恰可戳破这层假象。李斯特将历史方法引入经济研究，就成了德国经济学历史学派的先驱。施穆勒在学术上的若干特点，如使用历史方法、认为经济规律存在时空差异性、重视伦理与精神的作用、肯定重商主义的价值等，都能在李斯特那里找到萌芽。这并不是说施穆勒与李斯特在具体观点上完全一致，也不是说他们有直接的师承关系，但李斯特确实为德国历史学派开辟了道路。德国历史学派兴起的重要语境，即在于德国作为后发展国家，力图追赶先行一步的英国，而在追赶过程中，德国不得不寻求与自身发展阶段相契合的经济原则——那种原则，不是已经发达了的英国所宣扬的斯密学说，反倒是英国未发达前奉行的重商主义。理解德国历史学派，也就是理解施穆勒，必须牢记这一基本点。李斯特的主要著作，早已有不同的中译本，近年来，以贾根良为代表的中国演化经济学家，发展出了新李斯特主义经济学，对李斯特著作、传记的译介亦颇用力，感兴趣的读者查阅起来较为方便，我就不多展开了。

李斯特虽然是德国历史学派的先驱，但该"学派"之所以能构成一个"学派"，还有赖于学院体制内的学科建构。在这一方面，德国历史学派真正意义上的开创者是威廉·罗雪尔（Wilhelm Roscher）。罗雪尔出生于高级法官家庭，在哥廷根大学和柏林大学专攻历史学和政治学，其学位论文为《伟大诡辩家们的历史学说》。1840 年，罗雪尔出任哥廷根大学历史学及国家科学讲师，最初的讲义为《修昔底德的历史方法》。1848 年，罗雪尔赴莱比锡大学教授政治经济学，系统地将修昔底德的历史方法运用于经济学研究中。在罗雪尔求学的时代，政治经济学在英国也只是一门新兴的学科，故罗雪尔以历史学家的身份从事政治经济学研究并不稀奇。1843 年，罗雪尔出版了其讲稿《历史方法的国民经济学讲义大纲》，堪称老历史学派的纲领。在这本讲义里，罗雪尔阐述了他心目中的历史方法的基本原则及其意义。罗雪尔其实重复了李斯特对斯密的方法论批判，但其论述更为严谨。而德国历史学派的成立，关键就在于其"历史方法"有别于其他经济学流派。罗雪尔被称为老历史学派（Older Historical School）的代表人物，在罗雪尔之后成长起来的新历史学派（Younger Historical School）的挑大梁者，即是施穆勒了。到 19 世纪晚期，又有所谓最年轻的历史学派之说，可译为青年历史学派（Youngest Historical School），其代表性学者为维尔纳·桑巴特（Werner Sombart）与马克斯·韦伯（Max Weber）。这两位人物，比起罗雪尔与施穆勒等前辈，更为人所熟知，重要原因在于历史方法在今天已经淡出了经济学，桑巴特和韦伯则参与开辟了社会学。于是，当我们时代的经济学家已经忘记德国历史学派时，社会学和政治学的学生却还要阅读韦伯等人的经典著作。而德国历史学派同德意志帝国命运与共，当德国在两次世界大战中战败，除了韦伯与桑巴特那一代外，确实也不再有"最年轻的历史学派"赓续其血脉了。

1886 年，受德国经济学影响的美国经济学家埃德温·塞利格曼（Edwin Seligman）列出了他眼中的德国历史学派的纲领，包括：

（1）抛弃了仅仅使用演绎法，强调了历史和统计处理的必要性。

（2）否认经济学中存在着永恒的自然法则，同时强调了理论与制度之间的相互依赖，指明了不同的时代或不同的国家需要不同的体制（systems）。

（3）拒绝信仰绝对的自由放任会带来福音。

（4）保持了法学、伦理学和经济学的密切关系，拒绝承认仅有自利假设便足以调节经济活动。①

这一概括，基本勾勒出了德国历史学派不同学者最突出的共性。但事实上，正如德意志神圣罗马帝国被讽刺为"既不神圣，也非罗马，更不是一个帝国"，德国历史学派在"德国""历史"与"学派"这三个要素上，也存在着争议。不过，从约定俗成的角度说，德国历史学派就是一个在 19 世纪兴起于德国、崇奉历史方法、有直接或间接师承关系的经济学家群体。施穆勒是将德国历史学派发扬光大的学术领袖。

二、　施穆勒其人其书

施穆勒于 1838 年 6 月 24 日出生在符腾堡一个公务员

---

① 埃里克·赖纳特、贾根良主编：《穷国的国富论》下卷，贾根良等译，高等教育出版社 2007 年，第 234 页。——译者注。本书脚注除特别注明外均为译者注。

家庭，求学于图宾根大学，1865 年成为哈雷（Halle）大学的政治科学教授，1872 年在重组后的斯特拉斯堡大学任教，1882 年成为柏林大学的教授，1887 年入选普鲁士科学院。作为历史学派的一员，施穆勒主张用历史方法研究经济学，其论著主题涉及改革时期德意志的经济思想、19 世纪德国的小型工业、斯特拉斯堡的布商与织工行会、腓特烈大帝①的经济政策、商业经营的历史演化等。施穆勒持社会改良观点，参与创建了社会政策协会（Verein für Sozialpolitik），又被讥讽为"讲坛社会主义者"，但对德国这世界上第一个福利国家的建设有重要影响。日本学者田村信一写过一本研究施穆勒的专著，其目录恰好涵盖了施穆勒的学术发展脉络、主要学术关注点以及学术领域内外之影响：②

第一章　施穆勒生平

第二章　社会政策协会创办前的施穆勒

第三章　《19 世纪德意志小工业史》与社会政策

---

① 即弗里德里希二世（Frederick II），后世尊称"弗里德里大王"（Friedrich der Große），更以"腓特烈大帝"的中译名闻名。实际上他仅为普鲁士国王，从未加冕为皇帝。——编辑注

② 田村信一：《グスタフ・シュモラー研究》，御茶の水書房 1993 年。

的提出

使施穆勒声名大噪的事情是他参与创办了德国的社会政策协会，当时他还没有进入柏林这一德意志帝国首都的圈子。1872 年 10 月 6 日，在施穆勒位于爱森纳赫的家中举行的社会政策协会成立会上，他发表了一段开幕词，其中有段话能够说明社会政策协会的主旨：

　　我们的社会中资本家与工人、有产者和无产者之间严重的分化，预兆了社会革命的威胁。威胁已经迫近。在很广的范围内，民众深深地怀疑在"经济大会"上体现出来的、主导今日市场的经济学说是否能够永远占据支配地位。难道引入经营商业的自由权利和废除中世纪确立的所有行业立法，就能够创造出这

—传统里那些狂热之徒所预言的完美经济环境吗？①

这段话体现了施穆勒的保守性，也体现了施穆勒对底层民众的关怀。19 世纪的工业革命和市场经济浪潮，在创造出巨大物质财富的同时，也激化了社会矛盾，造成欧洲国家传统社会秩序的失调。工业革命带来了创新，但也使普通的劳动者不得不从一种较为稳定的传统社会里，进入高风险与变动不安的现代文明中。这种变化对于生来就属于工业社会的现代人来说，可谓与生俱来、不足为奇，但对于社会大转型的第一代承担者来说，注定会被强加上新旧交替的阵痛。施穆勒的社会政策主张，实际上是希望给高速变化的经济加一个政策缓冲器，使工业化与市场化对于社会即民众的冲击力能够减弱，避免社会过度震荡——这种震荡在当时，就指向了革命。施穆勒的这种主张，尽管与保守的俾斯麦不谋而合，都是站在社会中上层的立场上希望避免革命，但两人的理念与政策，也塑造了今天欧洲的福利国家制度。施穆勒这种为了"社会"而对抗"经济"的做法，在今天更为"纯粹"的经济学里，自然难有

① 埃里克·赖纳特、贾根良主编：《穷国的国富论》下卷，第 235 页。

容身之地。然而，施穆勒所提到的想要保留的"中世纪确立的行业立法"，在经过改造后，成为今天德国制造业"工匠精神"的制度根源。因此，对于施穆勒的社会政策主张的保守性，亦须辩证看待。

到了柏林这一帝国中心后，施穆勒的学术生涯开始真正飞黄腾达。比起自己著书立说，施穆勒似乎以更大的精力投入了集体性的学术工作中，扮演了一个学术组织者与领导者的角色。施穆勒编辑出版了具有学术期刊性质的年鉴，领导社会政策协会编撰了卷帙浩繁的社会调查丛书，并组织人员整理普鲁士行政管理的档案史料。既受惠于施穆勒又不时讽刺施穆勒的经济学家熊彼特（Joseph A. Schumpeter）写道："这种研究工作的水平多数相当平庸。但是，这种研究工作的总和却大大促进了对于社会过程的精确了解。"[1] 熊彼特此话的意思，可以理解为：施穆勒的研究，详尽地刻画了社会经济的演化情况，但只是提供了一些经验材料，而这些经验材料需要靠熊彼特本人这样的经济学家进行抽象与提炼，方能形成有价值的经济理论。熊彼特认为，施穆勒的工作更像是职业历史学家而不是经

　　——————

　　[1]　约瑟夫·熊彼特：《经济分析史》第 3 卷，朱泱等译，商务印书馆 1994 年，第 91 页。

济学家。不过，他也肯定了施穆勒著作中最有价值的主题，包括："经济（特别是财政）政策与行政管理，社会的阶级结构，中古及其后的工业组织形式（特别是手工业行会与商人协会的组织形式），城市的发展、作用及结构，各工业部门、银行信用与公营企业及私营企业的演变（对公营企业及私营企业的演变的研究是施穆勒著述中最精彩的一个方面）。"[1] 熊彼特的理论以"企业家精神"影响力最大，他对施穆勒的企业史研究的褒扬，暗示了他的理论建构得益于施穆勒所提供的案例素材。实际上，在纳粹上台后庇护了熊彼特的哈佛大学，与施穆勒也有颇深的学术渊源。哈佛商学院的创办人埃德温·盖伊（Edwin Gay）正是施穆勒的博士生。

熊彼特对施穆勒沉醉于历史方法的微嘲，与施穆勒挑起的经济学方法论大论战有关。1883 年，经济学奥地利学派的开创者卡尔·门格尔（Karl Menger）出版了《社会科学方法论特别是政治经济学方法论研究》，对历史学派的历史方法进行了攻击，施穆勒进行反击，对该书发表了一篇恶意书评，促使门格尔于 1884 年以《历史主义的错

---

[1] 约瑟夫·熊彼特：《经济分析史》第 3 卷，第 92 页。

误》一书反唇相讥。于是，经济学史上的"方法论之争"
或"方法论大争论"爆发了。① 这场论战，简单地说，就
是经验-归纳方法与抽象-演绎方法之间的论战，但除了学
理上的实质性争端外，还夹杂着私人恩怨。熊彼特如此描
述方法论之争："这样一来，不仅恶感泛滥，而且带来了
一长列文献，如是数十年，才逐渐平息。尽管在澄清逻辑
背景方面多少也有点贡献，然而这么一大堆文献的历史实
质上是浪费精力的历史，大好光阴，本来是应该更好地加
以利用的。"② 实际上，当时的方法论之争，除了施穆勒与
门格尔之争，还有其他一些争执，而对方法论问题的痴
迷，并非始于施穆勒与门格尔，毋宁说是德语区学术界的
一大传统。不管怎么说，施穆勒对历史学派的辩护，未能
成功推翻奥地利学派的观点，他在 1898 年和 1900 年出版
的两部重要作品中，也完善了历史学派的方法论，减少其
易受攻击性。③ 在 1893 年出版的《国民经济、国民经济学
及其方法》中，施穆勒强调："假使历史学真的只描述具

　　① 杰弗里·霍奇逊：《经济学是如何忘记历史的：社会科学中的历史特
性问题》，高伟等译，中国人民大学出版社 2008 年，第 92—93 页。
　　② 约瑟夫·熊彼特：《经济分析史》第 3 卷，第 98 页。
　　③ 杰弗里·霍奇逊：《经济学是如何忘记历史的：社会科学中的历史特
性问题》，第 132 页。

体、个别的事件，假使所有普遍性的结论都在它的视野范
围之外，那它的作用大概就非常有限。但是历史学一方面
竭力地在发展过程中解释具体的个人、命运、民族；另一
方面又努力追溯社会事件的心理的、制度的，以至于一切
一般性原因，而对这些原因进行理论性概括同时也是国家
科学的课题。"① 我不想再对烦琐的方法论之争花费更多笔
墨了，当代德国经济学家巴克豪斯（Jürgen Backhaus）批
评美国学者不读施穆勒而妄议施穆勒的一段话，能够对中
文世界里的施穆勒评价问题提供一个学风上的警示：

> 只要肯花一点点时间研究《大纲》，每一个人都
> 会清楚，那些以此批评施穆勒的人根本没有读过他的
> 作品。顺便一提，前面所说的美国教科书作者们毫不
> 忌讳这一点。他们明确地援引另外一本有关的教科
> 书，而不是任何一段原文。②

然而，英语在当代世界经济学界占据着话语霸权，阻

---

① 古斯塔夫·施穆勒：《国民经济、国民经济学及其方法》，黎岗译，
商务印书馆 2017 年，第 52 页。
② 古斯塔夫·施穆勒：《国民经济、国民经济学及其方法》，第 117 页。

碍施穆勒被今人准确认识的重要原因之一，确实在于他的作品罕有英译。这种局面多少出于历史的偶然性。19 世纪末 20 世纪初，一大批美国经济学家赴德国留学，其中一些人正是施穆勒的学生。除了前面提到过的塞利格曼和盖伊，当时留学德国的美国经济学界领军人物还包括亨利·亚当斯（Henry Carter Adams）、约翰·克拉克（John Clark）和理查德·伊利（Richard Ely）等。1908 年的一份调查显示，接受调查的 116 名美国经济学家和社会学家中，有 59 人曾在 1873 年至 1905 年间赴德留学，其中有 20 人获得了博士学位。80 多位被调查者指出了对自己思想影响最深的学派，其中 30 人认为是历史学派，8 人认为是国家干预理论。① 对当时的美国经济学家来说，会德语是一种必要的学术生存技能，根本没有必要把施穆勒的书译成英语。实际上，美国最初的经济学学术组织，也是对社会政策协会的模仿。一个有趣的例子是，韦伯写的教科书《经济通史》是由芝加哥学派的开山鼻祖弗兰克·奈特（Frank H. Knight）译成英文的。今天，经济学家通常不会将韦伯视为同行，但奈特的《风险、不确定性与利

---

① 杰弗里·霍奇逊：《经济学是如何忘记历史的：社会科学中的历史特性问题》，第 158—159 页。

润》却是经济学常读常新的经典著作。这个例子表明，德国历史学派在历史上的真实形象，和今天经济学教科书中所一笔带过甚至略而不提的漫画化形象，完全不同。但是，美国经济学从第一次世界大战开始的"去德国化"是一个不争的事实，这也意味着，当第二次世界大战后德国经济学不再受美国人推崇时，作品来不及被译成英文的那些德国经济学家，就会成为英语历史叙事下的思想史上的"失踪者"。施穆勒即属此例。

在这种历史背景下，施穆勒的《重商主义制度及其历史意义》就殊显可贵了，因为它是施穆勒著述中几乎唯一的被译成英语的完整作品。翻译这本书的是威廉·阿什利（William James Ashley）。阿什利是英国经济学历史学派的代表性学者——那个学派，正是德国历史学派的英国版本。英国经济学中产生历史学派，原因与德国相似，一方面，部分学者对古典经济学的抽象-演绎方法不满，更认可经验-归纳方法；另一方面，在具体的政策上，部分学者与施穆勒的社会政策主张接近，都不希望工业化的高速前进过分撕裂社会，还有些学者则看到英国在自由贸易政策下渐渐不敌美国与德国这两个新兴工业国，希望重新捡起重商主义政策，捍卫英国经济霸权。

这就不难理解，为何英国也产生了带有后发展国家烙印的历史学派。

阿什利是英国历史学派较早的学者，在 1860 年出生于伦敦一个小制帽商家庭，求学路上受过广泛的历史学训练，1878 年在牛津大学获得一项历史学奖学金。他师从老汤因比（Arnold Toynbee）学习政治经济学，这个汤因比是使工业革命（industrial revolution）一词流行起来的学者，也是英国经济学历史学派的先驱。1885 年，阿什利获得硕士学位，并担任牛津大学的助教和研究员。由于薪资微薄，他于 1888 年出任多伦多大学宪政史和政治经济学教授；四年后，他又前往哈佛，成为英语国家第一个经济史教授。1901 年，阿什利返回英国，出任新成立的伯明翰大学商学院首任院长兼商学教授。1927 年，阿什利在英国经济史协会第一任主席任上去世。阿什利欣赏施穆勒，并常被人拿来与施穆勒类比。1900 年，他把一本论文集题献给施穆勒，称尽管他与施穆勒在很多问题上意见不一，但他从施穆勒著述中"得到的激励和促进比从任何其他人那里得到的都多"。阿什利认为，这种激励来自施穆勒对历史学中的经济思考与经济学中的历史思考的推动。从牛津大学到伯明翰大学，阿什利始终把德国历史学派的知识同步介绍给英国读者。① 历史奇妙的关联性在于，阿什利任职于哈佛时，见证了从德国留学回来的美国经济学家是如何创建包括哈佛商学院在内的众多商学院的，他对此感到警惕，认为英国如果不能将美国的进取心和创新精神，同德国、法国和美国正在蓬勃开展的针对企业和政府的专业培训结合起来，英国将在未来的英美竞争中愈发落后。② 这可以算是施穆勒对阿什利的又一种间接性的影响了。

施穆勒对阿什利的巨大影响，以及阿什利个人的学术旨趣，解释了为什么阿什利会成为施穆勒作品的译者。《重商主义制度及其历史意义》系施穆勒 1884 年出版的德语著作《腓特烈大帝的经济政策》（*Studien über die wirtschaftliche Politik Friedrichs des Grossen*）中的一部分，阿什利将这个相对完整的部分抽取出来，进行翻译，并放入他自己编辑的《经济学经典丛书》（*Economic Classics*）里。《重商主义制度及其历史意义》出版于 1897 年，从该书扉页的介绍上看，《经济学经典丛书》已出版的书还包括《亚当·斯密著述选辑》《马尔萨斯著作第 1 版与第 2 版章节对比》《李

---

① 杰拉德·库特：《英国历史经济学：1870—1926——经济史学科的兴起与新重商主义》，乔吉燕译，中国人民大学出版社 2010 年，第 116—117 页。

② 杰拉德·库特：《英国历史经济学：1870—1926——经济史学科的兴起与新重商主义》，第 123 页。

嘉图著作最初的六章》《英国得自对外贸易的财富》和《农民租金》。其中，亚当·斯密、马尔萨斯与李嘉图是英国古典经济学的三名开创者，《英国得自对外贸易的财富》是重商主义者托马斯·孟（Thomas Mun）的作品，《农民租金》的作者理查德·琼斯（Richard Jones）则是英国历史学派的先驱之一。从这个丛书的选目，可以看出阿什利对"经典"的判断标准，也足见其对施穆勒之重视。施穆勒的原著是对腓特烈大帝经济政策的系统研究，阿什利抽取的部分则涉及对重商主义的背景介绍，从某种意义上说，《重商主义制度及其历史意义》不仅是一本译著，它还凝结了阿什利个人的学术判断，在一定程度上甚至独立于施穆勒这一原作者了。不过，作为一本译著，《重商主义制度及其历史意义》里面字句所表达的意思，还是体现了施穆勒的学术思想，尽管可能只是某个侧面。英译本的附录还收录了施穆勒写于 1892 年的一篇论文《18 世纪普鲁士的丝绸工业》的节译。阿什利的翻译省略了最能展示施穆勒功力的史实细节，这是一个遗憾，但该文更为集中地表达了施穆勒对于重商主义的学术观点，对读者来说确实是非常有益的补充。至于另一个附录《霍亨索伦家族世系与在位年份》，则纯粹是为了让不熟悉普鲁士历史的读者弄清楚到底是哪个"弗里德里希"（即"腓特烈"）在历史上干了哪些事，毕竟，勃兰登堡-普鲁士历史上有太多王侯叫"弗里德里希"了。

《重商主义制度及其历史意义》出版后，确实成为重商主义研究的经典文献，对于传播施穆勒的原创性思想来说，阿什利功不可没。仔细阅读《重商主义制度及其历史意义》，不难体会到施穆勒所主张的整体主义、经济学的伦理-道德维度等是怎么融入具体研究中的。不过，该书真正独树一帜的地方，恐怕还是施穆勒将重商主义与近代以来的国家形成视为同一历史进程的不同方面。这种观点，超越了斯密所批判的作为商人寻租的重商主义，而揭示了重商主义的历史意义是"国家理由"（*raison d'état* 或 reason of state）① 的演化。这种真正的政治经济学视角，有助于理解产业政策的必要性等经济学中持续争议的问题。诚然，这种思想在李斯特那里就能看到影子，但施穆勒的行文，使对重商主义的探讨，仿佛成为政治哲学上黑格尔对理性国家的探讨在经济学领域里的延伸。施穆勒对普鲁士国家（the Prussian state）的感情，超越了热爱泛

---

① 又译为"国家理性"。

德意志民族的李斯特。据说，施穆勒年轻时本可像父亲那样成为家乡符腾堡政府部门的一名文官，但在普鲁士和南德意志众邦的关税联盟冲突中，他写了一本小册子，表达了非常不利于符腾堡的立场，由此在家乡仕途无望。[①] 但就像施穆勒在《重商主义制度及其历史意义》里写到的那样，德意志落后于"西方列强"，根本原因就在于未能及早统一为能调动各种资源的大国。施穆勒的行为，只不过忠诚地践行了自己的学术观点。历史的展开很清楚地表明，能寄托施穆勒政治经济理想的德意志邦国，确实是普鲁士，而不是直到统一战争中还站在普鲁士对立面的符腾堡。施穆勒与普鲁士的这种感情羁绊，也使《重商主义制度及其历史意义》多了一个特色，那就是主要以德意志尤其是普鲁士的历史来讨论重商主义。这一点，与李斯特相比，亦不觉特殊，但与创造了重商主义这个词的斯密相比，则存在着重大的区别。尽管这种特色源于该书本来就抽取自《腓特烈大帝的经济政策》，必然以普鲁士为基本研究对象，但阿什利为他选译的内容加上"重商主义制度及其历史意义"这个宏大的书名后，人们对重商主义的认

---

① 古斯塔夫·施穆勒：《国民经济、国民经济学及其方法》，第1页。

识就被大幅刷新了。这是《重商主义制度及其历史意义》在学术史脉络中的意义。

施穆勒去世于第一次世界大战接近尾声的 1917 年。这对他来说是一种幸运，因为他没有亲眼看到他毕生心血所系的新德意志国家战败毁灭。在那场大战中，他在《重商主义制度及其历史意义》里揭露过的旧时代的重商主义手段——经济封锁、打击中立国贸易等等——重新被交战双方所使用。他曾经睿智地预言，只要国家间的竞争存在，重商主义及支配它的原则就不会退场。当然，和大部分乐观的 19 世纪欧洲人一样，他或许没有想到的是，残酷的第一次世界大战摧毁了西方文明不断进步而臻于化境的幻觉。重新读施穆勒 1884 年的作品，字里行间虽然不乏对自由主义天下大同空想的现实主义嘲讽，但整体基调仍然是对西方文明进步充满信心和希望的。然而，施穆勒看到了历史被一些巨大的力量操控，却没有料到那些力量也在操控他所处的时代的命运。

也是在第一次世界大战中，被眼前重商主义场景复现唤起历史记忆的经济学家确有其人，那就是瑞典的赫克歇尔（Eli F. Heckscher）。英国海权与德国陆权的争霸，仿佛一个世纪前的拿破仑战争重现，而拿破仑用以封锁英国的具有重商主义色彩的"大陆体系"政策，成为赫克歇尔的研究对象。赫克歇尔并不认为重商主义手段多么有效。1931 年，他的皇皇巨著《重商主义》（*Mercantilism*）出版，1935 年被译为英文。赫克歇尔的《重商主义》，是继施穆勒《重商主义制度及其历史意义》之后，关于重商主义研究的又一部经济学经典。不过，这两部著作不仅篇幅相差悬殊，立意与观点亦相去甚远。如果说施穆勒本人是某种程度上的重商主义者，那么，赫克歇尔就是一个自由贸易论者了。在《重商主义》英译本序中，赫克歇尔坦率地承认他就是受英国新古典主义经济学的影响，这已经决定了他具有与施穆勒完全不同的理论与方法出发点。尽管同样研究经济史，但赫克歇尔更倾向于只讨论历史的经济层面，而不是像施穆勒那样将政治纳入分析。赫克歇尔认为，只讨论经济虽然有简化历史之嫌，但如果不选择性运用理论，历史现象将无法被阐明，只能成为一大团数据。这种在理论指引下选择历史事实来证明理论的方法，与施穆勒通过搜集历史事实归纳出理论的志向，可谓大异其趣。赫克歇尔也明确批评了施穆勒，并提出要回归斯密。这种回归，不仅包括观点上回归斯密的自由放任主张，也包括，在对具体历史的研究上，赫克歇尔主要以英国和法国的重商主义为例，不把德国的重商主义视为典型。2012 年，我在香港中文大学的图书馆找到了赫克歇尔的《重商主义》，面对砖头一样的巨著，欣喜若狂，抓紧访学的有限时间翻阅并做摘抄笔记，当时的关注点主要在赫克歇尔对重商主义的宏观论述。从那时起，我一直有种想翻译《重商主义》的念头。2020 年，我在研究世界产业政策史时不可避免要讨论重商主义，又对赫克歇尔产生了兴趣，并通过网络从旧书市场上重金购得被英国某大学废弃处理的 1935 年原版《重商主义》。对于纸张发黄的精装原版《重商主义》，有实体书收藏爱好的我如获至宝，也不时在微信朋友圈发状态表示要着手翻译此书。不过，2022 年初我花了整个寒假的时间重读此书后，就意兴阑珊了。赫克歇尔是新古典主义经济学的代表性学者，他在《重商主义》里宣扬的理论，任何一本主流的西方经济学教科书都已涵盖，这就使我感觉，理论上失去了翻译它的必要。更加失望的是，赫克歇尔厚重的著作虽然包含翔实的历史讨论，但作为一本综合性著作，分配给每个国家的史实案例在篇幅与细节上均不够深入，而我现在最需要的就是历史细节。因此，我目前已不打算翻译此书。但我并不否认赫克歇尔的《重商主义》是一部经济学经典之作，在中国图书市场充斥大量三流海外中国研究著作之类译著的当下，如有贤者能为中华民族翻译这样一部经受了时间考验的西学经典，功莫大焉。我虽暂时已无意翻译此书，但赫克歇尔在重商主义研究学术传统中，是施穆勒的对立面，故在此仍应向读者交代一下我对赫克歇尔的认知。

三、 旧中译本及其问题

施穆勒的这本经典著作，早在 1936 年就出现中译本，系由郑学稼翻译，在商务印书馆出版。2016 年，上海社会科学院出版社将其纳入《民国西学要籍汉译文献丛书》，影印再版。

郑学稼为福建长乐人，系非常典型的民国高产学人，虽然是学农学出身，赴日留学又学的日本史，回国后还是出任过复旦大学的经济学教授。抗日战争后期，郑学稼入职国民政府，后迁往台湾，于 1987 年逝世于台北。他一生著、译 70 余部书，其中包括：《养猪学》《养鸡学》《日本史》《鲁迅正传》《日帝侵华秘史》《日本财阀史论》《英国经济史及学说》《苏联文学的变革》等，堪称真正的"杂家"。我称其为非常典型的民国高产学人，是因为那个时代中国的学术体制尚未真正规范化，知识分子或曰读书人也常常游走于学院、媒体、政界之间，并能凭一己之力通过引进某种西学而在学术领域有所开辟。以今天的学术规范来看，这类学人或许杂而不精，甚或难以按专业归类，但他们是那个时代的时势造就的人物，也或深或浅参与了时代的风云变幻，扮演着比今天的学院派学者更为积极的社会参与角色。理解这种时代背景，方能理解为何郑学稼会翻译施穆勒这本著作，尽管他看上去并未专注于相关研究。

郑学稼将施穆勒译为"斯莫拉"，他翻译的书名为《重商制度及其历史意义》。英文里的重商主义一词通常系 Mercantilism，阿什利使用的 Mercantile 一词更加古典，但指的就是重商主义，而不是字面上的"商业的"这层意思。郑学稼对此了然于心，所以他也用了"重商"一词来翻译。由于"重商主义"在中文里已经成为经济学专业术语，故单纯的"重商"一词不足以精确表达原意，由此亦可见民国时代的中国经济学尚在形成过程中，未建立今天学界所认可的统一的学术规范。此处还需说明的是，将原著标题与正文中的 system 译为"制度"，亦可商榷。在阿什利的译本中，正文里是出现了 economic institutions 这一表述的，显然，institution 在今天的中文语境里才是经济学所探讨的"制度"，而 system 可以译为"体系"。从某种意义上说，体系比制度更准确，因为制度虽然可以被新制度主义经济学宽泛地理解为各种正式与非正式的规则，但仍给人以正式的强制性规范的感觉居多。然而，施穆勒所说的重商主义的 system 并不完全是法令与规章，而包括广泛的观念与行为，例如，在重商主义思想下发动的战争也是这个 system 的一部分。不过，不管是施穆勒还是阿什利，在该书的具体内容与英文行文两方面，都没有对 system 作具体阐释，我也就还是使用"制度"一词，以示中文学界的薪火相传。不过，在我的译文中，有时会特意将 system 标注出来，是为暗示读者，此处虽然被译为"制度"，但不妨理解为"体系"。

　　1934 年 5 月 31 日，郑学稼在日本东京为他的译本写了一个"译后记"，提到当他跨入经济学领域时，就知道施穆勒有本被英译的书，惜因绝版而无法购读。1931 年，当他发现了这本书，就动了翻译的念头，但直到 1934 年才脱稿完工。郑学稼这么介绍他翻译的动机以及该书的价值："这一册短小精悍的书，它的优点，究在什么地方呢？应由两方面去考察：从历史学眼光看来，它给研究中古史，和近世资本主义发展史——尤其是德意志资本主义的形成——的人，以提纲挈领的帮助，同时又潜伏无数珍贵的暗示；从经济学的眼光看来，它用历史的事实，描写重商主义产生的原因、发展和没落，连带地又把自由贸易和保护政策的得失，给予公平的估断。"① 这就把郑译本的缘起谈得很清楚了。如前所述，在第二次世界大战前，德国历史学派在西方仍然具有广泛影响，这与二战后的经济学完全不同。在当时的中国，如同在日本等后发展国家那样，德国历史学派也具有强大的吸引力。毕竟，在德国历史学派诞生的时代，德国相对于西欧国家——施穆勒以德国为本位称其为"西方列强"——还是一个贫穷而落后的国家。但是，依靠不同于自由放任的发展模式，德国在短期内崛起为撼动世界历史的强国，这种历史经验，既能引发东方落后国家知识分子的共鸣，又使他们看到了学习的榜样。因此，民国时代的中国经济学家，实际上比当代中国经济学家更熟悉德国历史学派，也直接从德文译介了李斯特、桑巴特等该学派学者的大量作品，并服膺其保护主义等主张。郑学稼对施穆勒著作的翻译，只是时

① 斯莫拉：《重商制度及其历史意义》，郑学稼译，上海社会科学院出版社 2016 年，第 115—116 页。

代潮流中的一朵浪花。我对于德国历史学派在近代中国
的传播写过多篇论文，近年来也被一些中国学者输出至
欧洲，在某些英文论文集的论文中能见引用，感兴趣的
读者自可参考。①

应该说，对于将施穆勒的经典著作译为中文，郑学稼
功不可没。不过，郑译本难免存在一些时代所带来的问
题。最直接的问题，或许就是 20 世纪 30 年代的术语、文
风，与今天极为不同，这增加了当代读者的理解难度。例
如，郑学稼将施穆勒译为斯莫拉，这即使在民国时代，也
不是唯一的或标准的译法，而今天中国的学术界已经固定
了施穆勒这一译法。再比如，郑学稼有这么一段译文：
"每个新政治团体的形式，必须具有一种强烈的和独占的
社团情感；这些就是它的力量的基础。为自给自足和独
立而斗争，与强悍对抗的精神——这种对抗的精神，为
着要追及，胜过，并克服在他眼中常常视为仇人的敌手，

---

① 我的相关论文主要有：《德国历史学派与民国时期中国经济学的发
展》，《德国研究》2011 年第 2 期；《中国经济学形成过程中的德国传统》，
《演化与创新经济学评论》2011 年第 2 期；《民国时期李斯特经济学说的在华
传播》，《学习与探索》2015 年第 1 期；《国民政府由保护主义转向自由贸易
的新李斯特主义解读》，《教学与研究》2015 年第 3 期；《历史与经济之
间——朱伯康民国时期的思想理路及其现代价值》，《河北经贸大学学
报》2016 年第 5 期。

是从不有所踌躇的——对于它（新政治团体）都是一样的自然。指导许多时代的商业政策的，也就是那自给自足（autarchy）的规律。继随自给自足后面的努力自然是在国家的青春期中，由一种特别猛烈的和一方面的形态中将自己表现出来。"① 这段话是施穆勒论重商主义的精髓之一，常被人引用。不过，郑学稼的译文读起来有些拗口，甚至会令读者感到费解。郑学稼对英语长句基本采取直译的形式，不太符合汉语的正常表达形式，而他对某些多义词的翻译，所选词义也存在一定的偏差。我对这段话的翻译是："每个新的政治团体的形式，都要有一种强烈的和排他的共同情感，作为它们的力量根基。对它来说，争取自给自足和独立的斗争是很自然的，就像一种毫不犹豫地进行激烈竞争的精神，目的是要赶上、超越和粉碎它认为是敌人的对手。当时的商业政策完全以自给自足（autarchy）的规律为指导。而实现自给自足后的努力，自然地在国家的青春期，以一种特别猛烈的和一边倒的形式表现出来。"我相信，我的译文，对于当代读者来说，更能准确理解该书的内容，而这也是我重译此书的重要动机之一。

---

① 斯莫拉：《重商制度及其历史意义》，第 74—75 页。

四、 翻译缘起及若干说明

我从 2008 年开始接触并迅速接受演化发展经济学，德国历史学派正是演化发展经济学的源头之一，所以我很早就开始学习、研究该学派，并在我的产业史研究中贯彻其方法论。我对于原创性的工业文化理论的创建，也在思想和方法两方面，从德国历史学派汲取了灵感。因此，由我来译一本德国历史学派的经典名著，合乎逻辑。

由于郑学稼将施穆勒译为斯莫拉，直到 2012 年我在香港中文大学历史系访学时，才在该校图书馆的书架上第一次发现了旧的中译本。我现在很少主动提起那半年时光，但回想起来，那每天第一个进图书馆、最后一个出图书馆的日子，确实给了我充实的精神收获。对于旧中译本，我一方面如获至宝，另一方面也不满意其难读与费解，当时只能凭借已有的知识，大概理解施穆勒话语的意思。不过，那时我没想过要翻译这本书，因为我并没有找到英译本，而且，当时更吸引我的是赫克歇尔《重商主义》的原版书。

我的主要研究方向是产业史和企业史，对经济思想史的研究，只是我为自己梳理学术前史的一种副产品。不过，2014 年的时候，将演化发展经济学引入中国的贾根良老师提出要在次年打出"新李斯特主义经济学"的旗号，这使我又回归了一阵子经济思想史，并产出一些成果。那是我作为职场新人和在职博士后非常辛苦的两三年，也是孕育了新生命与新希望的热血澎湃的两三年。那时我经常参加各种经济学学术会议，印象中在中国人民大学与中南财经政法大学开的会尤其多，亦受益良多。中国研究凡勃仑（Thorstein B. Veblen）首屈一指的学者张林教授见我对德国历史学派感兴趣，曾鼓励我翻译凡勃仑的名著《德意志帝国与工业革命》（*Imperial Germany and the Industrial Revolution*）。应该说，那本书的主题非常对我胃口，但我迄今为止读过两遍，第一遍的状态就是所有单词都认识而不知道整段话的意思，第二遍则只能说模模糊糊读出了一点意思。目前我把这本书列为我长期"在读"的书，但并不敢尝试翻译。由此我也愈发钦佩能够研究凡勃仑的张林教授了！不过，那时受张林教授鼓励，我自己生出了想要翻译施穆勒《重商主义制度及其历史意义》的念头，从网上购到了英文影印本，于2015年正式动笔翻译，到当年8月底，译出了一小半。不得不承认，凡勃仑的原文难读，阿什利的原文也不易理解，我开始认识到，郑学稼那些费解的中文句子，都源于阿什利整段整段不带句号还常常用分号转折的长句。更不用说，这部涉及德国中世纪史的英文译著，书中那些对 19 世纪的阿什利已经颇感费解的术语，对 21 世纪的中国译者就更觉困难了。因此，我实际上低估了这本小册子的翻译难度。由于 2015 年我还忙于撰写博士后报告，这种纯凭兴趣做的事就放下来了。

2016 年对我来说是过渡与转折之年。一方面，我仍在延续比较传统的经济史、经济思想史研究，并积极筹划去中国人民大学或南开大学的经济学院做第二博士后；另一方面，我开始越来越多地和企业、政府部门、行业协会、智库打交道，并着手撰写关于工业文化的著作。仿佛命运的注定，2014 年，当我灵光乍现提出工业文化这个概念，并开始进行理论论证时，工信部也组建了工业文化发展中心，开展前期论证工作。2016 年，这互相独立的两支队伍胜利会师，于是有了 2017 年 1 月在华中师范大学成立的中国工业文化研究中心，而我也再无可能做纯书斋型研究了。这导致了翻译工作的搁浅。然而，我深知工业文化是由重商主义孕育的，也明白施穆勒在各种层面对于工业文化的巨大意义，因此，我总觉得应把《重商主义制度及其历史意义》译完。

华中师范大学中国工业文化研究中心成立后，我作为副主任，和主任彭南生教授一起创立并主编了集刊《工业文化研究》，每年出 1 辑，最初 3 辑都是在社会科学文献出版社出版的。《工业文化研究》在 2017 年的创刊号即刊登了贾根良老师的《重商主义、工业文化的诞生与英国工业革命》，作为主打文章之一。2018 年的第 2 辑开辟了"工业调研"专栏，我在《在现场寻找中国工业的力量——"工业调研"栏目开设琐言》中提到，施穆勒等德国历史学派经济学家在德国高速工业化时期所主张的大规模社会经济调研，也是当下中国所需要的。或许在外人眼中，我俨然成为施穆勒的"粉丝"了！也正是在办刊的契机下，我想到，《重商主义制度及其历史意义》篇幅不大，完全可以译出来刊登在刊物上，作为工业文化的重要文献，在中文世界留存与传播。不过，由于事务繁忙，我不可能一个人将这本书译出来了，我决定尝试让学生帮我译完全书，我再修改润色。我的学生谭海燕本科通过了英语专业八级考试，我认为是合适的人选，就请已经在中学工作的她与我合译，并把郑译本提供给她参考。不过，这种文献对缺乏深厚积累的学生来说，还是太难了。当她交来稿件后，我发现有非常多的内容直接移用了郑译本，只是稍作字句调整，还有部分郑译本也费解难懂的句子，未能译出。这虽然与我的预期不符，但刊物编辑出版有周期约束，我来不及撤换安排好的内容，只能自己又通读一遍，看到过于费解的地方，就对照英译本重译一下。由于2020年新冠肺炎疫情的暴发，刊物的出版进度被打乱，我反而多出了一些时间打磨译本。但我不想把这个译本完全视为我与谭海燕的译本，在刊物出版时，署名方式为"郑学稼原译，严鹏、谭海燕重译"。姑且称其为合译本吧。这个合译本经我打磨，在核心的地方其实已经脱离郑译本了，出版社编辑也进行了一些修饰与润色，我虽不满意，但也无可奈何了。由于时间仓促，英译本中的附录《18世纪普鲁士的丝绸工业》，我既没有自己翻译，也不想在学生交来的底稿上修改，因为我认为这篇文章比正文甚至更能体现施穆勒具有启发性的学术思想。所以，合译本就是个残缺的重译本，而这也强化了我找机会出单行译本的决心。

令我稍感安慰又深感歉意的是，《工业文化研究》第3辑出版后，学界一些朋友对合译本给予了支持和鼓励。我想，朋友们的支持和鼓励，主要还是源于旧译本确实不太好用，而不是说合译本已经译得多么好了。因此，我一直想找机会修订，出个由我加上导读与注释的单行本。尽管合译本大量袭用了郑译本，但最能体现施穆勒思想与理论的内容，我已重译过，而施穆勒笔下那些琐碎、枝蔓的历史细节，对今天的中国读者来说其实已经不构成稀缺的知识来源了，所以我对合译本的"原创性"还是有一定信心的。2021年下半年，华中师范大学中国工业文化研究中心已基本克服疫情造成的发展中辍，我也与东方出版中心的刘鑫先生约好，决定推出一个《利群工业文化译丛》。利群，是华中师范大学的杰出校友、中国共产党早期领导人恽代英办书店时用过的名号，而恽代英是中国共产党最早鼓吹工业化的领导人之一，我希望以此进行一种传承。2022年年初，我把合译本底稿交给华中师范大学毕业的青年学者曹福然，请他对照英译本校对一遍。曹福然是华中师范大学与英国方面联合培养的博士，在英国工业遗产与城市更新研究领域硕果累累，又是英语专业科班出身，请他校对，我是放心的。曹福然大概用了两个月的时间完成了校对工作，对明显的误译进行了订正，对明显的漏译进行了增补，还提出一些疑问。例如，我在翻译中基本使用"德意志"而未用"德国"这个词，他以为不妥。不过，我的考虑主要是，民族国家意义上的德国直到1871年才真正诞生，而被这个"德国"排除在外的奥地利，在历史上一直是德意志的一部分，当施穆勒等人提到"德国"历史时，是把奥地利包含在内的。实际上，与普鲁士相仿，奥地利也存在过典型的德意志式重商主义。因此，我不希望因为使用"德国"一词，而令今天的中国读者思考历史时，排除掉了奥地利。然而，这个例子也表明，曹福然没有单纯从语言层面进行校对，而是带着思考与理解进行修订。在他的修订稿基础上，我又把谭海燕所译内容从头到尾审读了一遍，对重要内容，整段整段重译，对非核心内容，则看曹福然是否进行了修订，若没有修订，则依语句是否通顺来决定是否重译。当然，这一工作必定挂一漏万，尤其我个人学养有限，亦无法按我的理想精确译出某些繁难长句。在完成这一轮的重译打磨后，我译出了英译本的两个附录，即《18世纪普鲁士的丝绸工业》与《霍亨索伦家族世系与在位年份》。至此，我勉强可以接受的"严译本"就基本成型了。在译稿基本完工后，我对该书进行了注释。英译本本身有一些注释，郑译本全部译出，但其中一些文献罗列之类的注释，对当代中国读者没有太多价值了，我就没有翻译英译本注释，而是自己重新作注，只将有参考价值的英译本注释译出。我的注释，效仿了严复，其中包含我自己对施穆勒、对历史的解读，是否妥当，也只有请读者来评判了。译事不易。而对于这样一本 19 世纪的、在当下英语世界也并未修订再版的书，我进行翻译，更看重其对于新语境下思想的创造性转化的启发性。

阿什利的英译本有一个英译者序，简单介绍了施穆勒的生平、著作与思想，郑译本并未译出，而是将其内容融于"译后记"中。我为眼前这个译本所写的导读，对于相关内容的介绍，已经远远超出了阿什利的英译者序，故亦不赘译。

我在书末也添加了一个附录，是我自己写的《施穆勒与德国工业文化》，感兴趣的读者借此可以了解为何我要在一个工业文化的译丛里收录这本书。同时，这个附录，也包含了我对施穆勒的研究的核心的结论，这一结论，蕴藏着经济思想史对于当下中国的价值。

五、 全球化的阶段与历史复现

对于一本经典但终究只是小册子的书来说，我的导读已经写得太长了，因此，在最后的部分，我只想简单谈谈这本 19 世纪小册子在今日世界的价值。

前文对于德国历史学派和施穆勒的介绍，已经突显了翻译这本书在纯学术上的意义。学术研究，尤其历史研究，终究需要踏实地去阅读原始文献。在今天的中国学术界，奥地利学派的信徒甚多，其学术上的对手德国历史学派只是作为一个滑稽的反面角色被众多学人提及。然而，我难以忘怀的是，在 2020 年疫情暴发之初，中国的一些向来主张自由放任和小政府的奥地利学派经济学家，竟也呼吁国家的强势干预，提出了看起来只有施穆勒们才会提出的诸多大政府主张。这当然只是以一种扭曲的方式证明了施穆勒以"历史方法"为名一直坚持的主张：经济法则不是绝对的，而是具有时空特性的。在不同的环境下要采取不同的对策，这是现实主义的态度，也是历史主义的态度。而这种态度，其实也是德国历史学派基本的方法论。从中国的奥地利学派经济学家的灵活变通可知，一个在 19 世纪数十年时间里影响了当时几大主要新兴工业国的学派，不可能毫无建树，也不可能在现实中缺乏适应性。因此，即使反对这个学派，也应该去读读他们的原著，这才是严谨的学术态度。况且，真正读了《重商主义制度及其历史意义》就会发现，施穆勒其实并非如很多人所想的那样是一个顽固的重商主义者，相反，他不仅看到了重商主义的原始性，还明确表示历史上的重商主义思想只是一半正确、一半错误的学说。在施穆勒看来，重商主义的正确之处，在于它契合了现代国家形成的历史进程，而重商主义的错误之处，恰恰在于它狭隘地把国际关系理解为你死我活的零和博弈。从这一点出发，施穆勒实际上肯定了自由贸易的合理性。更令人赞叹的是，施穆勒所建构的腓特烈大帝的贤明形象，也包括这位明君能依据环境的不同，灵活运用重商主义和自由贸易这两种对立的政策。这样一个赞同自由贸易的施穆勒，与那种对德国历史学派强硬捍卫重商主义的刻板印象截然不同，也是只有去阅读原著才能发现的历史真相。

施穆勒在他所处的时代，看到了历史演化的阶段性，这种阶段体现于不同的层面，既包括明线上的政治-经济组织演化，也包括暗藏的全球化的扩展。施穆勒指出，历史的规律就在于，政治-经济组织的规模越来越大，这种变化是出于竞争的需要，也加剧了竞争。所谓重商主义，本质上就是国家间政治-经济竞争的观念与手段。不过，这种对立性的竞争，也伴随着人类社群的联合，是一个辩证统一的过程——起初，市镇与市镇之间竞争；随着市镇变为领地邦国，竞争的主体转变为领地邦国，竞争也更加激烈，但领地邦国内部实现了市镇的联合；这样一个过程，又发生于领地邦国向民族国家的转变，以及民族国家向更大的民族共同体转变之际……从逻辑上说，全世界各民族的联合并非不可能，而这既是自由贸易论者立论的依据，又是自由贸易论者畅想的前景。这不就是理想主义视角下的全球化吗？施穆勒对这种乐观的前景有所保留，但也没有排除历史如此演化的可能性。至少，当他撰写《重商主义制度及其历史意义》时，18世纪野蛮的重商主义战争看样子已经让位于更人道的自由贸易运动了，或者，历史展现了这种趋势。他当然知道这种理想主义含有空想的成分，但他也没有明确地拒绝历史终结的图景。于是，施穆勒描绘的历史，其实就是截至当时为止的全球化的两个阶段：漫长的重商主义竞争时代，以及破土而出的自由贸易时代。在第一个阶段，全球的联结靠的是殖民扩张与商业战争；到了第二个阶段，至少，西方国家内部开始更多地运用具有基督教底色的自然法来建立国际秩序。审视与比较这两个时代，施穆勒看到了全球化的阶段性，而历史对于当代人的意义，在某些情境中就取决于当代人对自己所处历史阶段的认识。

在一个贸易战、科技封锁、金融制裁横行肆虐的时代，施穆勒笔下残酷的重商主义竞争的历史仿佛又复现于当下。这令全球范围内习惯了 20 年或 30 年之久自由贸易全球化的人士震惊，纷纷惊呼"逆全球化""全球化逆潮""全球化裂变"或诸如此类。然而，这种震惊，或许不过是一种被历史终结论麻醉后所产生的大惊小怪。一代人的生命对历史来说太短暂，甚至可能来不及经历一轮"康波"。萧条经济学会回归，周期经济学会回归，历史也会回归。那么，对于实际上从未远去的重商主义，又有什么好惊讶的呢？从这个角度说，观察与分析历史上的重商主义，也就是在理解我们自己的时代。

2022 年 3 月 24 日于武汉

重商主义制度及其历史意义

一、 经济演化的阶段

作为经济学家，对于某一历史时代的判断，必须包含对该时代前后时段的比较，也就是说，我们要理解它在某种更大的经济演化运动（德语 wirtschaftlichen Entwicklungsprozesses/英语 movement of economic evolution）① 中所占的地位。于是，很自然地，人们尝试着思考各国发展所经历的各种道路，并致力于用一个完整的理论去理解这种演化。他们或专注于民族生命与个人生命间的对比，或构想出如下依次演进的经济阶段，如（1）游牧阶段，（2）农业阶段，（3）工业阶段，（4）贸易阶段；或者如（a）物物

---

① 德国历史学派被认为是演化经济学（evolutionary economics）的先驱之一，此处英译本使用"演化"一词，虽与后来的演化经济学无关，但可以表明德国历史学派关注到了经济的演化问题。实际上，经济发展的阶段论就是一种典型的演化思想。施穆勒与演化经济学的关系，参考贾根良、黄阳华：《施穆勒纲领与演化经济学的起源》，《南开学报（哲学社会科学版）》2007年第4期。

交换阶段，（b）使用货币阶段，（c）基于信贷的贸易阶段。这些理论，的确能把握经济演化进程中某一方面的内容，大体上也适用于对不少时代与社会作比较。然而，对我们现在要讨论的重商主义制度来说，这些理论用处不大，甚至具有误导性。同理，我们可以根据人口、国家拓殖、劳动分工、社会阶级形成、生产过程或交通手段等历史——与前面提到的那些理论相结合——来创造关于人类发展的整体理论。但对我来说，这些想法都没什么重要的价值，可供我拿来诠释重商主义制度。在我的脑海中，取而代之的是经济生活与极为重要的社会及政治生活之关联——在任何时代，主要的经济-社会制度（wirtschaftlich-soziale Einrichtungen/economic institutions），全由当时最重要的政治实体的性质所决定。

在经济发展的每一个阶段，起引导与控制作用的部门都隶属于种族（Stammes-/race）或民族（Volks-/nation）生活中的某种政治组织。在某个时代，这个部门是宗族联盟或部落；在另一个时代，是乡村或马尔克（Mark）①；现在是

---

① 马克斯·韦伯指出，马尔克是比村庄更大的团体，它包括森林和荒地，又有别于公地或牧地。马尔克一般由若干乡村构成。见 Max Weber and translated by Frank H. Knight：*General Economic History*，New Brunswick and London：Transaction Publishers，2008，p. 8。

地区，然后又变成邦国甚或联邦。它或许和当代的国家、民族、智识、宗教组织相一致，或许不一致；然而，它像统治着政治生活那样统治着经济生活，决定着经济的结构与制度，可以说还为整个社会—经济安排提供着重心。当然，它不是解释经济演化的唯一因素，但对我来说，它在经济史中展示了最充分的意义。在与部落、马尔克、乡村、市镇（或城市）、领地、邦国和联邦的结合中，特定的经济有机体已经成功地演化出更广袤的范围：我们在此范围中有了一个持续的发展，尽管这种发展不能引发每个时代经济生活全部的因素，但它确实决定并统治着经济生活。在乡村、市镇、领地和邦国中，个人与其家庭保留着独立的地位；劳动分工、货币改良、技术进步，各自继续其发展；社会阶级的形成，朝着特定的方向进行。然而，经济环境，自始至终通过每一个时代的乡村（Dorf-/village）经济、市镇（Stadt-/town）经济、领地（Territorial-/territorial）经济或国民（Staats- und Volks-/national）经济的盛行，收获了其独特的印记。又或者，四离五散的人群组成了一些村庄或市镇经济，松散地结合在一起，领地或国家的兴起，支配了较早形成的这些经济组织，将其纳入自身，而这些进程也赋予了经济环境特别的形态。政治有机体与经济有机体并不必然联结在一起，然而，历史上那些伟大的政治与经济成就，产生于经济组织与政治权力及秩序被置于相同基础之上的时代。

二、 乡村

　　那种认为经济生活主要依赖于个体行为的观点——这种观点仅仅与满足个体需求的方法有关——误解了人类文明所历经的阶段，而假如我们在某些方面回溯得越远，则这种错误也就越明显。

　　最原始的狩猎或游牧部落，仅仅靠一种基于血缘关系的组织作为维系其存在的手段。在这种组织里，团结出于防卫之目的，联合迁移是为了冬夏逐水草而居，为了整个部落共同的利益，由部落首领主持的集体防卫，扮演着最重要的角色。最早的定居以及对土地的占有，从来不可能是为个人考虑的事，而是为了部落与宗族。然后，当更大圈子的宗教生活、语言生活、战争生活与政治生活仍然保留共有的形式时，经济生活的重心却已转移到马尔克与乡村。它们成为主宰经济生活数世纪之久的实体。个人所占有的房屋、苗圃、花园和田地，都需要得到马尔克[①]和乡村公社的承认，并只能在公社允诺的条件下使用牧场、树林、鱼塘与狩猎场。他的耕作与收获，更要遵从公社的愿望与规定。对他而言，和外人密切往来基本上是不可能的，不管何种产品，只要是直接或间接得自公地，都严禁移动。从公共森林砍伐树木之所以被允许，是因为无人运出木材、木炭或柏油；在公共牧地随意放牧被认为是一种权利，只是因为每个人喂养自己的牲畜是供自己使用，而不是为了陌生人。将土地让给非公社成员被严令禁止，而且，作为规矩，即使是佃农（Hufner）[②]要离开村子，也必须遵守各类手续。乡村是一种自身十分完备的经济与商业体系，且与外界隔绝开来。只有在乡村的旧制度被大的邦国或其他外界力量打破后，更高级的经济生活才能出现。

---

① 英译本注提到了德国学者提出的"马尔克理论"（the mark theory），并对相关的中世纪欧洲乡村经济史研究成果进行了梳理。当代学者指出，马尔克也被称为公有地，可以由几个村庄共同利用，也可只由个别村庄共同利用。见赫伯特·格隆德曼等：《德意志史》第一卷下册，张载扬等译，商务印书馆1999年，第455页。

② 有一种土地计量单位叫作胡符（Hufe），Hufner就是拥有1胡符面积田地的农民。在从法兰克时代开始的德意志人移民浪潮中，胡符作为农民经济单位而成为在设置新农村时应用的一种土地计量单位，在丈量土地时，佛兰德斯胡符为16.8公顷，法兰克胡符为23—27公顷。见马克斯·布劳巴赫等：《德意志史》第二卷下册，陆世澄等译，商务印书馆1998年，第867页。

三、 市镇

　　与乡村一样，甚或更明显的是，市镇成长为一种经济实体（或有机体），伴随着它自己独特而朝气蓬勃的生活，并在每个方面都占据着优势。市镇始于地址的选择，规划的设计，道路、桥梁、城墙的修筑；然后，要进行街道的铺筑，饮水的供给，以及照明的安设；最后，是市场所需要的公共设施，并由此带来公共的房屋、量器，等等——这些，再加上紧密排列的住宅、更高形式的劳动分工、货币与信用，所有这一切，创造了大规模的公共制度，并带来一种远比从前更密切的联系。这必然使人能感觉到是在市镇内还是在市镇外。数世纪以来，经济进步跟市镇的兴起和特有的市镇制度的形成紧密相连。每一个市镇，尤其是那些稍大一点的市镇，都试图使自己成为一个完整的经济体，与此同时，在与外部世界的关系中，则试图尽可能地扩展其经济与政治势力范围。绝非无关紧要的是，在古代与中世纪历史的大部分时间里，所有完整的政治结构都是城市国家，它们涵盖了政治与经济生活、地方经济的自私性与政治爱国主义、政治斗争以及经济竞赛。

中世纪德意志市镇的经济政策，以及它们的经济制度，直到 17 世纪和 18 世纪，都在德意志人的生活中扮演着起支配作用的角色。在很多方面，市镇将它们自身投射至我们时代，这使我们必须多花点时间详细地讲述它们。

不仅独立的司法权，还有市场的占有权、通行税的征收权，以及铸币权，从很早的时代开始，就是成长中的城市共同体的特权。这种特殊的地位，由实物贡赋的废除所强化，经"城市的空气使人自由"这一原则得到合法化，最后则因市镇议会取得自治权与立法权而巩固。每一个独立的市镇都觉得自己是特权共同体，通过持续数百年的斗争取得一项又一项权利，并通过谈判与购买的手段，提升一种又一种政治与经济地位。市民团体，将自己视为一个整体，一个尽可能狭小而永远绑在一起的整体。它只接纳有能力给自己做出贡献的人，那些人满足特定的条件，被证明有一定财产，经由宣誓和提供担保的形式加入，并必

须已在城中居住一定的年头。与它松开联系的那些人，是
在议会面前发誓放弃市民权的人，而那些人曾发誓要为市
镇的债务负担一定的份额、为市镇的税收贡献若干年，并
向市镇上交他十分之一的财产。全能的议会统治着市镇的
经济生活，在其全盛时代，几乎不受任何限制。议会的全
部活动，受到最铁石心肠的市镇自私心以及最热忱的市镇
爱国主义的支持，不管它是否要压榨具有竞争关系的邻镇
或郊区，是否要给乡村施加更重的束缚以鼓励本地贸易或
刺激本地工业。

　　市场权、通行权，以及距离权（Meilenrecht／mile-
rights）① 是市镇用来给自己创收以及制定市政政策的武
器。该政策的精髓，是让自己的同胞获益，而让外部的竞
争者受损。整个体系关于市场及垄断的规则，是一种精巧
的发明，调节着城市消费者与乡村生产者之间的供求关
系，使城里人发现他们在讨价还价中处于非常有利的地
位，而乡下人则不然。市镇对价格的调节，在某种程度
上，只是对付从农村来出售谷物、木材、野味和蔬菜的卖
家的小武器，就如同禁止农村地区从事特定工业与贸易一

────────────

　　① 英译本原注称这是一种在市镇一定距离内禁止手工业者从事特定行
业的法规，约克和诺丁汉对服装生产即有此例。

样，是为了满足市镇当局的利益。市镇从王权那里获取的经济特权，首先被用于改造这些规则从而服务于市镇利益。因此，市镇议员通常会关心市场税与过境税的废除；保留下来的税，仅仅是为乡下人和没有特权的"外人"准备的。一套复杂的过境税系统在各地被发明出来，该系统对一些市镇有利，对其他人则不利，而在每一个例子中，贸易都因特权的授予或与之相应的希望和恐惧而发展起来。尽可能地去征收邻近河流与道路的过境税，亦满足着同样的目的。日复一日，当市镇的需求增长后，特定的商品或被征收了更重的税，或在市场交易中被禁以时日，或干脆被逐出市场。例如，从邻近地区进口的葡萄酒（Wein/wine）与啤酒（Bier/beer），要么被禁了，要么在数不胜数的场合受到限制。禁止谷物、羊毛和羊毛皮出口，是为了地区利益而管制地区市场的最寻常手段，它不时导致贸易的完全中止。这样一种中止，是为了竞争所能采取的最为严酷的手段，它虽时常给施行者自身带来损害，但仍然惯于被那些更加强有力的集团出于自身利益而采用。至早在 13 世纪，对货币与贵金属的出口限制，就经常发生于一些市镇中。在城市内部的通商中，我们发现了贸易平衡理论的最初萌芽。可以看到的是，市镇时常致力于货物的直接交易，并强制性地通过法令使其成为义务，目的则在于阻止贵金属经常性地流向外国——波罗的海贸易即是如此。

市镇当局所有的外交资源，各阶级间围绕宪政的斗争，以及最后所依恃之暴力，均被用于对贸易路线的控制，并获得基本的权益：将尽可能多的商路引向市镇，并使仅仅是经过市镇的路线尽可能减少。如有可能，市镇将在中途阻止通过商队或船只运输货物的商队继续行进，而使其将货物卖给本市商人。因此，所有适用于陌生人或"外国人"的法律，在任何场合都不过是一种工具，用来摧毁或削弱外部世界那些更富裕也更有业务能力的竞争者。只有在定期集市中，被从零售贸易中排除在外的外国人，才获准停留一定时间，但也被禁止借钱给本地商人或与其合股经营。外商负担着更重的税，包括摆摊税、货物重量税，以及付给掮客的费用。由地方市场特权而产生的行会组织，其目的在于保障每个师傅与每个手艺人过一种适合于其身份的生活，为此，无论何时有需要，都会让市镇议会对输入市镇的面包、鱼、葡萄酒与啤酒以及其他一切种类的货物，施以或临时或永久的限制。为了同样的目的，行会还会要求一年或更长的时间内，禁止新的师傅进入某个行当。简言之，市镇市场形成了一个包含货币、信用、贸易、过境税和财政的复杂体系，通过闭关自守而作为一个整体施加管理。这套体系发现自己是地方利益的重心，通过集体力量而为经济优势斗争，并因为精明又有活力的商人牢牢地掌控着议会而获得成功。

因此，在我们眼前，中世纪市镇与地方的经济中心，其整个经济生活都取决于：多样化的地方利益暂时达成一致；从共同的地方利益中，生成了统一的情感与理念；而市镇当局则用一种完备的保护手段去表达这些情感。当然，手段因时因地而异，视地方市场、特殊工业或贸易在当时的重要性而定。这整个市镇经济政策，连同其在各地的表现形式，在如此长的时间里，满足了依赖于市镇繁荣的文明与经济的进步。这种繁荣，不是基于其他的"复杂的群众心理因素"，而是基于社团的自私心：新的经济结构只能从局部的特权中生出，而不能基于整个邦国的范围。这种小圈子共同体的自私心，同样带来了一种充满活力的运动，满足了它自身——尽管从今天的眼光看，我们无法认可其粗鄙的暴力——直到体系开始变得支持奢靡与慵懒，然后开始退化。而那时，它就要被其他的群众心理因素与进程，以及其他的社会形式与组织取而代之了。

毫无疑问，法律与道德联系往往将某些限制强加于市镇的自私心上，这些联系是源于教会的公共生活，源于德意志帝国[①]，以及源于乡间早已存在的诸侯领地的权势。但在较早的时代，这些限制是如此松散，如此无用，以至于它们甚少能被意识到，就如同不管是帝国、教会还是领主，都没能创造一种属于自己的经济生活或任何有力的经济组织。随着商业的转型与扩大，团结的精神增长了，产生了将利益惠及更大地区的觉悟。随着仅仅基于市镇和乡村利益的经济生活所面临的困难的扩大，以及无政府状态下无休止的小规模斗争的胜利日益无望，各地都出现了召唤更大规模经济力量的努力与趋势。

---

① 此处以及后文出现的帝国特指德意志的"第一帝国"。10 世纪以后，"德意志"（Deutsch）一词在史料中频频出现，逐渐取代了"东法兰克"，这意味着在法兰克王国的基础上出现了德意志王国。964 年 6 月，德意志人的国王奥托一世进军意大利，在围困罗马城数周之后重新掌控该城，德意志的国王戴上了皇帝的皇冠，建立起了一个新的大帝国。1231 年，在帝国内部斗争中，帝国会议颁布了《有利于诸侯的法令》（statutum in favorem principum），确立了诸侯在领地的主权的合法性，皇帝放弃了在诸侯邦国领地内的最高司法权、侍从权、铸币权、征收关税权、建立城堡和城市权，帝国事实上的分裂由此强化。见王亚平：《德国通史》第一卷，江苏人民出版社 2019 年，第 102、261 页。

四、 领地邦国

　　市镇联盟，希望越过诸侯与乡村的居民，却始终用一套旧的、自私的政策对待其周围的农村，目的在于满足更多的利益与贸易的需求，但其努力并不能永远成功。大型市镇试图通过兼并乡村、地产、采邑及农村集镇的方式，将自己扩展为领地邦国。在这方面，大型意大利城市最为成功，相当数量的瑞士市镇与德意志帝国城市紧随其后；繁荣的荷兰行省亦复如是，尽管它们最初并非如此，但后来与大型城镇邦国无甚区别。在德意志，无论如何，通常的情形是，诸侯的领地建立于原始血亲的结合基础之上，仰赖于公社与骑士的合作，而这创造了新的政治单位——这个单位，就其性质来说，是市镇与乡村的联合，其一端是大量的市镇，其另一端，则经常是方圆数百里内隶属于同一权威统治的乡村。自 15 世纪至 18 世纪，这些领地，在和别的制度的斗争中，不仅成长为政治实体，而且成长为经济实体。现在，将由领地有机体承载进步，并塑造经济与政治发展的媒介。领地制度于是变得头等重要，就如同曾经的市镇；与市镇一样，它们找到了一个重心，而且它们同样寻求排外以自利之道。于是，一个封闭的区域形成了，它包含生产与消费、劳动分工、货币与度量衡体系——这是一个独立的领地经济实体，有它自身的重心，并自觉行事。

不用说，各个领地采取了不同的手段来追求同样的政策并获得成功。在佛罗伦萨、米兰和威尼斯的例子中，我们早就发现这些高度发展而强有力的工商业市镇，成功地实施了脱胎于古老市镇利益的经济政策，并带来了奇迹。波西米亚的卢森堡家族（House of Luxemburg），佛兰德斯与下莱茵的勃艮第家族（House of Burgundy），在较早的时代也能在他们的土地上大规模地实施领地政策。但是，在德意志，大多数诸侯缺乏足够大的领地来满足同样的目的：一些地方的市镇，以及另一些地方的骑士，仍然独立于新的领地邦国。在 16 世纪初，最杰出的诸侯们，如萨克森的那些家族，是领地零碎分散于从黑森到西里西亚的中德意志军事要道上的小领主。更糟糕的是，这些领地又经常在家族内部分给不同的分支。甚至于，不管一个萨克森的诸侯在何时开始其统治，其领地都在地理上被分割为一连串不相连的地区。其他地区也差不多。

尽管遇到了严重的困难，尤其是市镇这一旧经济制度的顽固抵制，但实际生活的需求还是不懈地驱使社会朝领地组织的方向迈进。中世纪那些本质上联系松散的旧形式，如为维系和平而组建的市镇联盟、市镇的过境税制度和货币、城乡间持久的敌对以及所有的中古旧组织，日益成为贸易与经济进步道路上的阻碍。人们不得不从这些旧制度中争取自由，迈向更大的单位、地区的联合以及更长远的利益，而这些都可以在领地邦国里发现。诸侯们的领地跟旧边界和原始部族的情感越一致，各等级参与的议会制度的联合作用就越强有力：首先，是令各市镇相互抱团以及令不同贵族相互抱团；然后，整个市镇当局和全体贵族联合。在节俭而能干的官僚帮助下，主导这一运动的诸侯越聪明、强大，经济一体化进程的速度就越快。当然，这一进程绝不是没有遇到过最激烈的抵抗。

勃兰登堡的霍亨索伦（Hohenzollern）诸侯们在统治其领地上的贵族和市镇之前，遇到了阻力甚至军事上的麻

烦！勃兰登堡诸市镇从汉萨同盟脱离，及其独立的结盟权
的废除，在 1448 年至 1488 年间勉强完成了。但在此后相
当长的时间里，市镇并未放弃追求独立的商业政策的权
力。与法兰克福所订立的极其重要的条约仍然需要经过诸
侯的同意后才能确定。但市镇依旧掌握主动权，并且这个
主动权在三十年战争时仍然保留着，尽管程度上有所减
弱，在其实际运用中却多了些分寸和精明。整个 16 世纪，
我们发现勃兰登堡的诸侯们和他们的近邻都更加关注这一
类事件。1562 年和 1572 年的波美拉尼亚和勃兰登堡之间
的商业争执，诸侯和市镇的官吏都曾参加，但被拖到帝国
议会前的却是法兰克福和斯德丁（Stettin）①。在其他领地
邦国间，如吕讷堡的市镇间订立的共同防御条约——这些
条约迟至勃兰登堡的约阿希姆一世时期方才签订——看起
来在下一个时代已经不再适用，因为它们已经引发吕讷堡
诸侯的不信任。当维持公共和平的权力落在诸侯而非市镇
手里时，市镇便不能就其严格的保护政策彼此协商；这些
条约包括 1479 年 7 月 29 日勃兰登堡与波美拉尼亚之间订
立的条约，又如 1479 年 7 月 24 日勃兰登堡与马格德堡之

---

① 即今波兰的什切青。——编辑注

间订立的条约。勃兰登堡和波兰在 1514 年、1524 年至 1527 年、1534 年和 1618 年关于商业条约的谈判，以及条约的签署，都是诸侯而非市镇所为。16 世纪时，在讨论易北河与奥得河的航行权的会议上，有一些来自法兰克福的使臣，但主导这次讨论的是那些被选侯派遣的人。1523 年与"共同商人"① 订立有关路经勃兰登堡边区进行运输的条约的，是约阿希姆一世，而非勃兰登堡诸市镇。总而言之，乡村在商业政策上的代表权，正缓慢但稳步地由市镇转移到诸侯政府的手中。但是，在 1600 年左右，所有乡村的贸易都陷入困境，其解释理由不能归于这个变迁，而要从这两个事实中去寻找：勃兰登堡诸侯的政策推行得太软弱无力，以及他在应对萨克森、西里西亚、马格德堡和波兰之时的确处于不利地位。

当诸侯取得领地邦国至高无上的权力，在代表对外经济利益的关系中获得一种新的意义时，更重要的事实是，领地邦国政府在本国之内，强有力地通过等级会议的决议和诸侯的命令来创制新法律。这并不是说以前不存在领地

---

① "共同商人"（der gemeine Kaufmann）不明所指。疑似 1517 年在汉堡成立的同名商人自治组织，又称 de gemeene Kopmann，首要目的是保护商路，17 世纪后演变为"荣誉商人"（ehrbarer Kaufmann）组织。见：https：//shmh. de/de/hamburgwissen/journal/ehrbarer-kaufmann ——编辑注

邦国的法律。条顿骑士团的库尔姆（Kulm）地区的"证书"（Handfeste）① 自 1233 年就已经存在；② 布雷斯劳的"邦法"（Landrecht）③ 自 1346 年也已存在。但是地方性法规在任何地方都比其更强大。直到 15 世纪和 16 世纪，诸侯法庭的司法判决、所谓的"邦法"、邦国法令以及领地邦国的警察条例等等，才开始走向胜利。对一种新法律的不容置疑的需求显现出来，新法律需要处理民事和刑事问题，处理继承权和诉讼的手续，并能普及到全国。而在诸侯权力施行的过程中产生了应用于森林、狩猎、捕鱼、采矿、河流利用、航运以及建造沟渠的法令；这些法令全国适用，并用统一的规则来支撑经济生活。大众的新生活、新信仰、新学校以及新的贫民救济制度，受到的是领地邦国而非地方性组织的推动，并且通过立法手段很快深入到细节。在贸易和工业、度量衡、通货和公路、市场和

---

① 英译本注表示 Handfeste 这个词指多种形式的公共文件或领地条例。

② 1233 年末作为邦君的条顿骑士团团长用库尔姆的权利证书授予库尔姆和托伦以城市法，授予贵族、市民和农民以移民法和封地法，并且颁布了统一的币制和度量衡制度。该库尔姆法对整个骑士团国家具有权威意义。见赫伯特·格隆德曼等：《德意志史》第一卷下册，第 227 页。

③ 邦法指的是德意志地区的诸侯在其领地内颁布的法律，是诸侯王权强化的体现。有论者指出："早期的近代国家就是以制订规章开始的，同时也形成了近代专制统治立法的前身，在此类立法中君主的意志就是法律并且以此立法。"见马克斯·布劳巴赫等：《德意志史》第二卷上册，第 486 页。

定期市集方面，同样需要领地邦国的立法。

但是，新的领地邦国法规的创制及其执行，在不同的地方具有不同的形式。早在 14 世纪和 15 世纪，条顿骑士团就已经开始这样立法；而德意志西南部较大的诸邦，因其更高的经济发展水平和更早的文明开化，从 1500 年开始并在整个 16 世纪，显示出了更大的作为；而勃兰登堡、波美拉尼亚以及别的北方领地邦国，都远远落后。我们必须承认，在勃兰登堡，新的司法法庭是在罗马法的中央集权思想的影响下建立的，与约阿希姆法规，以及后来的各种有影响力的法律著作如约阿希姆·舍普利茨①的《习惯法》等一起，都朝着法律统一的方向迈进。然而，在这个时候，勃兰登堡并没有形成一个公认的"邦法"，也没有形成一个得到普遍接受的农民和他们领主之间关系的条规。1490 年至 1536 年间，将市镇置于警察的管理和领地邦国统一的行政指挥之下的努力，只取得了部分的和暂时的成功；斯德丁、施特拉尔松德（Stralsund）以及波美拉尼亚的其他市镇、普鲁士的柯尼斯堡以及大主教辖区内的马格德堡的"旧市镇"，一直到 1700 年为止，依旧保留了

① 约阿希姆·舍普利茨（Joachim Scheplitz，1566—1634），法学家、维特施托克地方法庭的审判员。——编辑注

与帝国诸城市相类似的独立地位。在 1515 年以来便监管勃兰登堡诸市镇的警察条例中，我们会找到这样的告诫：柏林的埃勒（Elle）应该定为测量所有土地的标准长度单位，爱尔福特磅应该用来称蜡和香料，柏林的重量单位应该用来称肉、铜、锡和沉重货物——这些不过是存留一时的虔诚愿望罢了。即使在两代人后，萨克森选侯奥古斯都（Augustus）所取得的最大成功，还是在他自己的领地上使用了德累斯顿量斗。

例如，在符腾堡，所谓的"邦法"自 1495 年以来迅速继承下去，并不断扩大范围，将邦国的经济活动都纳入至其所规定的路线之内。这样，甚至在三十年战争之前，各种最重要的手工业者（如屠夫、面包师、鱼贩、制衣工人、铜匠、锡匠、建筑工，而且在 1601 年还包括全部的商人和小贩），都要服从公爵领地的共同法令的支配。因此，整个领地便获得了经济上的统一。然而在此期间，我们发现在勃兰登堡，仅仅有一个或两个由诸侯颁发的相当孤立的行会法令超出纯粹的地方性质，例如，一些适用于新边区的纺织匠，一些适用于全部边区的麻织工，以及，大约 1580 年，一些适用于不少市镇的皮革匠和麻织工。领地邦国趋向统一的唯一证据可以在以下情况中找到：自 1480 年以后，每个地方的行会章程往往需要诸侯的承认和市镇议会的批准；大约从 1580 年开始，诸侯的文书处逐渐开始在已批准的法令中补充条款，来确认其撤销权。然而，这种方法在 1640 年后才成为常规做法，直到 1690 年至 1695 年这项权力才被真正使用。授予几个工匠行会具有相同条款的特许状，乃始于 1731 年。

和各地行会的特权相似，地方市镇的特权仍未受到损害；选侯政府所能获得的最大的好处就是，其他勃兰登堡市镇的市民，应该得到比斯德丁或布雷斯劳居民稍好一点的待遇。直到 1443 年选侯颁布法令，才能向柏林制鞋商开放法兰克福皮革交易会；而选侯用辩护的语气补充道："这不会损害到那些不常来法兰克福定期市集的其他城镇的鞋匠的利益。"市镇间订立条约的结果是，不付出大笔的撤出费用，就不能将边区某个市镇的继承权转移到另一个市镇。到 1481 年，施潘道（Spandau）人开始征收高额的免征税款，以防止他们的富人试图在柏林获得市民权利并移居到柏林。

因此，一开始的问题不在于是否应将各种市镇的权利融为一体，让领地邦国的人民平等地享有，而仅仅在于诸侯政府是否应适度增加其权力来对抗每个特殊的市镇。在这方面所作的努力可从市镇议员为诸侯所认可，对他们的行政管理的调查（大约从 1600 年开始），以及给予特权和让步的做法中看出。从大约 1500 年起，在某些方面，它为诸侯颁布一般法令的权力铺平了道路，并帮助创造了这种权力，在某种程度上，它帮助创立了一种在 17 世纪和 18 世纪被认为属于诸侯的颁布一般法令的权力。有关市场以及磨坊、药剂师、印刷匠、打铜匠、纸厂之类的特许状；给予人们特许建立符合他们社会地位的产业；对个别手工匠和经销商颁发个人许可证，允许他们经营自己的事业，而不必成为行会的会员——这些都是诸侯入侵市镇经济的表现。然而，如果诸侯侵占的足够多，他们必然使领地邦国的权力，而不是使市镇议会的权力，成为人民在经济生活中所选择的向导。

但是，在此类个别情况下，诸侯不仅提升了权威，而且在其调停者与和平缔造者的性质上也出现了更广泛的相同的经历。由于城市和乡村之间的冲突，诸侯被赋予了充分的权力进行干预，尤其是在德意志东北部。城镇市场的旧规、距离权、乡间工业的禁止，以及每个城镇勒令附近居民去那里销售全部产品并购买所需的一切，所有这些，常常给予诸侯干涉的机会。从 15 世纪到 17 世纪，勃兰登堡、波美拉尼亚和普鲁士的领地邦国议会的议事日程主要就是处理这类问题。乡村地区和所谓的乡绅们抱怨着：当一个乡下人到邻近的市镇去卖他的谷物、羊毛和家畜时，却被无耻地欺骗了；价目表的起草并没有得到乡绅代表的协助；他们在度量衡上经常被欺诈；工匠们联合起来反对他们；乡村人在家门口向陌生人或商贩出售物品遭到阻止；所有关于市场和垄断的立法，就像处分苏格兰和纽伦堡的小贩的法规一样，有损于他们；市镇接受那些未经领主许可而逃跑的贫雇农；行会想追捕藏于乡村中的手工匠人，却不对采邑领主的法庭支付任何报偿；乡村被禁止酿酒，农民和骑士被迫在市镇买酒且收费过高；当输出大麦可以获得更大的利益时，人们却必须用大麦来缴纳赋税；等等，数不胜数。

市镇以有关自身特权的"昔日的好法律"为立足点，他们声称，给予乡村工匠、乡村酿酒坊、外国小贩、流氓、马贩子和牛贩子的各种许可正在不断侵犯这些特权；他们补充道，贵族们自己做生意，购买农民的产品，卖给旅行的商人，并从苏格兰人那里得到他们需要的铁和其他东西；此外，贵族主张他们有权随时出口他们的产品，这损害着市镇的利益。但市镇并不满足，他们抱怨起政府本身——它卖给市镇的林木价格比卖给诸侯更高；它给予外国商贩特权；它对待犹太人不够严厉和专横，也没有禁止贵族经商。

当邦国议会一直用冗长的诉状和反诉状来处理这类案件的时候，市镇当局对输出或输入的禁止以及市镇的禁止性法规，自然在讨论中占有重要的地位。如果有一天斯德丁的议会禁止谷物的输出，这对于波美拉尼亚和马格德堡的农村地区并不是无关紧要的，而对市镇上的人来说最重要的时刻是贵族们能否豁免于这样的禁令。对整个国家来说都十分重要的是，在东普鲁士，15世纪开始时，每个乡间小镇都可以对邻近的小镇实施出口禁令，而无须等待上级长官的批准。

要摆脱地方经济政策引起的混乱，只有一条出路：其中最重要的问题，是将权力从市镇移交给领地邦国的政府；同时创立一个折中制度，该制度应顾及反对者的利益，在现存条件的基础上进行调整，此外它固然必须在面对外部世界时争取一定程度的自给自足，却也应该在其内部争取更大的经济活动自由。

早在1433年至1434年，在条顿骑士团治下的普鲁士土地上，人们就接受了一项公认的基本原则，即未来普鲁士的任何市镇都不应阻止其他市镇出口谷物。同样，勃兰登堡的乡绅阶层也获得了从乡间自由输出产品的权利，而农民至少也可以自由地选择将他们的产品带到选侯统辖的任何一个或远或近的市镇。最具争议的问题是，是否应该允许外国商人买卖商品，这在不同的议会中总会有不同的解决方案——这取决于市镇或乡绅谁更强大。但无论如何，他们都做出了决议，不管是开放乡村，还是封锁它，都有同等的约束力。为均分土地的利益而强烈反对旧的市镇政策，倡导土地均分主义下的自由经营的小生意，改良"宾客权"（Gastrecht/guest-right），以及垄断市场的法律，都使勃兰登堡、波美兰尼亚和普鲁士——一半因为乡绅阶层力量的强大，一半因为商业的增长和普遍繁荣——在三十年战争之前对市镇特权的限制更胜过三十年战争之后的情形：因为战争造成的可怕的经济衰退，似乎需要有系统地运用一切可能的手段来鼓励市镇的产业生活。然而，乡绅阶层在取得议会决议或政府法令方面的每一项成功，都意味着更加畅通的农村贸易，和更加便捷的对外贸易。关于市镇和乡村之间合法关系的基本原则，实际上仍然没有改变。因此，对垄断的危害的信念，几乎完好无损地从市镇法规转移到邦法，因为垄断被认为除了抬高价格之外没有别的作用。然而一个本质性的变化是，1400 年的法规是建立在混杂的地方法规、风俗习惯、特权和联盟基础上的，到 1600 年左右，则变成了一个以相当一致的方式涵盖了整个领地邦国的邦法。

与上述转变相关联的，就是在 15 世纪和 16 世纪所有的小市镇都失去了它们的货物销售特权。之前它们会利用这些特权去对抗邻近的竞争市镇，毫不顾及它们处于同一领地邦国内的事实。早在 1450 年，腓特烈二世①就抱怨说，施潘道人民无视他的权威，要求从科隆和柏林获得寄存货物之权。施潘道的主要产品的销售特权，以及属于奥得贝格（Oderberg）、兰茨贝格（Landsberg）、埃伯斯瓦尔德（Eberswald）、唐格明德（Tangermunde）和勃兰登堡，甚至属于柏林的主要产品销售的权利，到 1600 年都被废除了。1634 年，奥得贝格正式放弃了要求寄存货物的权利，作为回报的，便是由选侯授予下级的司法法庭。这些都是国内自由贸易取得进展的迹象。只有法兰克福所享

---

① 指勃兰登堡选帝侯弗里德里希二世（Friedrich II, Kurfürst von Brandenburg, 1413—1471）。注意与 18 世纪的普鲁士国王弗里德里希二世（即"腓特烈大帝"）区分。——编辑注

有的寄存货物的权利得以保留甚至扩大；由于它的竞争对手是斯德丁、布雷斯劳和国外的其他贸易市镇，所以选侯的官吏们认为有责任支持这项特权。

虽然在这个问题上，领地邦国对待较大贸易中心与对待较小贸易中心的政策不同，并且在某种程度上认为前者的利益是整个国家的利益；但在其他方面，诸侯的政府即使面对较大的市镇，也不得不加以反对，如在进出口事务、禁止的条例以及其他类似的事情上。市镇越大、越重要，就越不可能在这些方面获准拥有独立的政策。

尽管约阿希姆一世允许一个市镇酿的酒可以在另一个市镇自由销售，但收效甚微；尽管柏林的市民们，甚至在 18 世纪前半期，都不顾一切地抵制贝尔瑙的进一步竞争；尽管政府无法让勃兰登堡其他市镇的所有商人和工匠在定期市集中获得平等的权利——然而，即使在 16 世纪，人们也非常清楚地认识到，粮食、羊毛、羊毛皮和其他商品的进出口都是由选侯政府决定的。相反，在邻近的领地邦国，特别是在波美拉尼亚和马格德堡大主教辖区，我们看到政府正在展开一场长期的辩论，辩论的问题是，主要市镇斯德丁和马格德堡，或邦国政府，或两者加在一起，是否有权禁止谷物贸易。16 世纪，布伦瑞克完全独立地宣布了这一禁令，事实上，这一禁令也是极为常见的。

在波美拉尼亚，1534 年至 1535 年通过仲裁结束了这场争论：如果斯德丁议会想要禁止出口，他们必须在星期二忏悔日之前这样做；公爵则保留完全暂停禁令和允许例外这两项权力。在马格德堡大主教辖区，我们发现，在阿尔伯特选侯的时代，有时市镇要求政府禁止出口，有时政府向市镇提出同样的要求，有时双方联合考虑以图实现共同的行动。然而早在 1538 年，大主教辖区的统治者在一次歉收后，对输出的谷物按每威斯佩尔（Wispel）① 的重量征四分之一古尔登（Gulden）② 的税，并持续到下一个仲夏节，以保持足够的供应，同时又"不完全妨碍农民获得生计"。在勃兰登堡大主教的继任"行政长官"统治下，政府在物资匮乏时期禁止出口的权力，与在其他大多数领地邦国一样，是不容置疑的。

16 世纪时，勃兰登堡曾设立如下的法规。在冬季，从圣马丁节（11 月 11 日）到洁身节（2 月 2 日）期间禁止出口；约阿希姆·舍普利茨将此与冬季停止航行（这是古代

---

① 19 世纪之前在德意志北部通用的干容量单位，通常用于谷物，实际容量在各地区有差别。普鲁士和萨克森称为温斯佩尔（Winspel）。——编辑注

② 14 世纪到 19 世纪在德意志使用的金、银币。——编辑注

普遍的习惯）联系起来。此外，农民从来不得出口货物，只有乡绅（骑士）、教士和市镇可经营出口。在饥荒时期，选侯有权禁运；但是对例如 1536 年旧边区（Altmark）中的塞豪森（Seehausen）、韦尔本（Werben）和奥斯特贝格（Osterberg）等市镇，是可以例外的，一是因为它们在边境，二是因为它们花了一大笔钱才享有了这种特权。1549年，边区伯爵约翰在他的封地新边区（Neumark）也给予法兰克福人类似的特权。并非由边区生产的谷物，只要有原产地证明，可以随时自由运输；法兰克福人随时都能以麦芽的形式出口大麦，即使大麦来自乡间。

因此，虽然波美拉尼亚、马格德堡和勃兰登堡等谷物出口区经常实行暂时性的出口禁令，但这些禁令都是以领地邦国生产与消费之间的和谐观念为基础；当需求不同时，人们毫不犹豫地求助于更严格的禁令，最后甚至是永久禁令，正如波尔曼（Pohlmann）所描述的佛罗伦萨，以及米亚斯科夫斯基（Miaskowski）描述的瑞士各州的境况一样。尼德兰不仅禁止出口本地的马匹、军火、战争物资，还禁止出口本地的谷物、金、银、水银、铜和黄铜。在勃兰登堡，啤酒花比谷物更容易被强制控制。各地都禁止皮革和家畜的出口。人们总有同一种观念，认为土地资源就整体而言，首先应供全邦国之需，不应使少数人富足，而应以公平的价格卖给本国的生产者和消费者。市镇为达到这一目的所采用的条例，此时已被领地邦国采用。此前市镇实行禁运，现在领地邦国也仿行之；此前市镇在某一时期禁止国外啤酒和制造品的输入，现在领地邦国也有此举动；此前市镇曾保持一套精密的差别通行税制度，现在各行政区和领地邦国也有相似的税则。伯尔尼对它的附属地威胁道：如果不把所有的牛油都运到伯尔尼，就对其实行谷物和盐的禁运。又如纽伦堡勒令，所有离它不到 10 英里①的牲畜都应运到自己的市场；乌尔姆则不允许任何一头在共同牧场上吃草的牛离开这个领地邦国；而佛罗伦萨要获得它附属区贩卖的一切家畜，不许它们被驱回，并向将大群家畜驱到马雷马（Maremma）的家畜主人强索保证，他们必须将数量比之前多三分之一的家畜带回境内。在米兰公国，即使是各地谷物的转运，也须拿到官方许可证以保证全公国食品的安全。

德意志从市镇政策到领地邦国政策的转变，最明显地体现在羊毛上，这是德意志最重要的工业原料。当德意志

①　1 英里约为 1.61 千米。——编辑注

毛织业开始陷入危机时——由于国外竞争日益激烈，地方工业开始崩溃，取而代之的是一个更集中的行业，它被限制在特别适合毛织业的地方（1450—1550）——市镇首先所致力于的事情，是让羊毛出口变得困难，或者为了本国工业的利益而对羊毛进行管制。这种地方政策的不可行性很快就表现出来了。因此，虽然帝国本身也曾试图禁止羊毛出口（1548—1559），但没有奏效，很快就把这个问题抛给了较大的领地邦国。随后，符腾堡、巴伐利亚、黑森、萨克森和勃兰登堡等试图重新颁布法律和条例，为了国内生产商的利益而禁止出口。不仅如此，就是毛织物的进口，也被部分地禁止了。不久，全国的羊毛贸易和毛织业都隶属于了领地邦国的组织。我们无暇详述勃兰登堡在这方面的努力；它们早在 1415 年和 1416 年就开始了，并以 1572 年和 1611 年著名的羊毛法结束，然而，它们也仅仅向我们部分透露了应对这一时期的问题的各种斗争和努力。[①]

在我所描述的所有努力的背后，是这样一种理解，即领地邦国的贸易、工业和市场构成了一个统一的整体。但

---

① 施穆勒在此处的注释表示他已经对该问题进行了研究。

之前所谈到的一切条例，都未曾触及特殊团体的人民。另一方面，货币制度已经触及了诸侯所辖全体臣民。德意志从市镇货币向领地邦国货币的过渡同样发生于 15 世纪至 17 世纪，这也是领地邦国的邦国形成史和经济史中最重要和最难了解的部分之一。关于其发展历程，经我广泛但不全面的研究后，简述如下：

以帝国对货币的权利和标准为理论基础，实际上在 12、13、14 世纪形成了一套完全由地方货币组成的体系。然而，无论从技术、财政还是从经济的角度来看，它们都没有达到一种合适的境况，直到它们普遍逃脱了诸侯们的干预，并受到市镇当局的操纵。各市镇和它们的市场最迫切需要一个管理良好、非常稳定的货币体系，正是它们消除了迄今普遍存在的无休止的贬值；它们还发行了"永久芬尼"（der ewige Pfennig）——在勃兰登堡和其他地方，货币（在俾斯麦祖先的帮助下）也传到了市镇。至于市镇货币，当时以吕贝克、布伦瑞克、爱尔福特、纽伦堡、哈雷以及别的地方最令人满意。这些市镇足够富裕，可以大量铸造货币，它们也足够聪明，知道管理不善的货币所带来的恶果，以及财政欺诈带来的危害。

但只有当流通限于本地且流通很少的情况下，这场运动才能维持下去。"一分钱只在其打造的地方使用"是一句合理的中世纪谚语。所有外来货币，即使来自最近的市镇，也必须到铸币厂前的兑换商办事处那里去兑换为当地的新钱币。但是这个规定在 14 世纪已经难以适用，到 15 世纪就完全无法推行了。每一个小的货币区，都会被邻国的廉价硬币淹没，并且无论何时这些廉价的货币都能支配它。货币地方化的弊端开始超过市镇货币政策的优势，市镇本身也加入了这场可耻的竞争，竞相让货币贬值。接着，各市镇与诸侯之间签订了无数的货币条约。质量较好的外币，如意大利和匈牙利的金古尔登以及波希米亚的格罗申（Groschen），强行进入，并被视为一种通用货币，而不是每个地方不断变化的、劣质的小钱币。

德意志诸王和皇帝确实试图创造某种统一的货币——至少在西南地区是这样：金古尔登被认为是一种帝国货币；1521 年的帝国货币条例是由西德意志铸币厂的管理者强加给摄政会议的一项计划。尽管后来颁布了帝国法令，并试图通过行省（Kreise）来控制各地区的货币，帝国依然不能实现真正的统一。取得胜利的又是各个领地邦国。然而，强大的领地邦国的政府可以逐渐剥夺市镇的造币权，使造币厂主再度成为当地诸侯的官吏，并在少于几百平方英里的土地上实行统一的制度。他们成功的范围很大程度上取决于 16 世纪几个地方的繁荣和贸易状况。那些拥有丰富银矿的诸侯，如萨克森的统治者，完成这项工作最为容易；但他们本身非常厌恶那些使帝国或几个行省有统一币制的企图。霍亨索伦的许多诸侯，似乎恢复了铸币权，并为他们自己在勃兰登堡边区铸造钱币，其时为 1480 年至 1490 年以降；而在条顿骑士团统治下的市镇，却从未完全而持久地拥有这项权力。柏林是个例外，1540 年至 1542 年间，它为自己的需要铸造了一些小钱币，然后在 1621 年铸造了最后一次。1504 年在波美拉尼亚，博吉斯拉夫①对施特拉尔松德的特权提出异议，到 1569 年该市镇就失去了这项权利。1530 年，斯德丁承认，即使是在公爵之父统治时期，诸侯们也因为一些重要的原因拒绝让市镇拥有自己的货币。

紧要的事情，要算领地邦国的政府自己行使了诸侯的铸币权。仅仅有法令毫无用处——早在勃兰登堡选帝侯腓特烈二世统治时期就制定了法令，即莱茵金古尔登

---

① 这里指波美拉尼亚公爵博吉斯拉夫十世（Herzog Bogislaw X. von Pommern, der Grosse, 1454—1523）。——编辑注

（Rheinischer Goldgulden）应有某种兑换率，但就成规来说，人民却公认波西米亚的格罗申。关键是，诸侯们要用十足重量的钱币来代替市镇和外来的货币。人们发现，约阿希姆一世为勃兰登堡开辟了在这方面采取积极政策的道路。他不仅在柏林铸造金古尔登，而且在七种不同的铸币厂铸造了轻重兼有的银币。与萨克森就统一货币的谈判以失败告终。边区所订立的标准更轻。1556 年的勃兰登堡货币法令，确实创造了一种新的货币和辅币，并能与帝国货币相协调。但建立一个独立的地区货币体系的想法，仍然占主导地位。只有某些外国货币被允许使用，并且它们的价值只能由领地邦国当局决定。其他领地邦国和市镇的货币是遭完全禁止的。人们不时地被严格要求，最近被禁止使用的货币必须在某个日期被废弃，并在铸币厂交换新币。勃兰登堡对出口的禁令并没有萨克森那么严厉，也许是因为硬币更轻了，没有了输送到外地的诱惑力。但对那些购买旧银并将其出口的犹太人和苏格兰人的处分，在 1590 年、1598 年经常发生。

各市镇对外币流通或本国货币出口的禁令、针对旧金银的优先购买权以及类似的规定，这些早先的普遍做法现在很自然地被领地邦国的政府采用了。它们是否成功地完成了所有的惩罚任务，以及在多大程度上成功，自然取决于贸易情况的变化，以及几种货币的面值跟它们在邻近邦国和对外贸易中所得到的估价之间的关系。但是毫无疑问，对于统治者和被统治者来说，普遍的想法是，政府有责任为地区提供统一的良好货币，并在这方面与外部世界隔绝，即使这无关贸易。

因此，这种适用于整个邦国的货币体系，连同之后将要描述的适用于整个邦国的金融体系，都是这样一种制度，它最清楚地描绘了将国家的领地联结成为一个经济体的运动。

在财政方面，各等级在参与管理时更倾向于中央集权，甚至在很大程度上超过了诸侯及其官员的活动。然而，对宫廷的创制权也不可低估。践行父权统治的、善于理财的诸侯，适当地管理和扩展官方机构（如萨克森的选帝侯奥古斯都，勃兰登堡的边区伯爵约翰），这种活动对邦国的福利及其经济力量的巩固具有十分重要的意义。当时的许多诸侯对技术进步和发明很感兴趣，他们有自己的实验室和炼金术士，试图建立矿山、磨坊、玻璃厂和制盐厂；在意大利建筑师、外国艺术家和工匠的帮助下，到处都建起了宏伟的城堡和要塞。这使得诸侯的家族和侍奉

者，以及不断增加的官员，比以往任何时候都更加明显地
处于领地邦国的经济生活的中心，并给几代人留下了明显
的影响。因此边区伯爵汉斯不无自豪地说，在他统治期
间，国家和人民都变得伟大起来，而且在收入和资源方面
从来没有达到如此之高度。

领地邦国的税收及其发展，因为诸邦遗留下来的关于
税收史的材料极少，所以到现在为止也几乎不可能得到清
晰和完整的考察。然而，大体清楚的是，市镇税制的建设
发生在 13 世纪至 15 世纪，随后是领地邦国制度的建设时
期；由长期斗争所创立的直接与间接的领地邦国赋税制
度，主要是 15 世纪至 17 世纪的事；此外，这些新的税制，
在一定程度上废除了旧的市镇体制，也在一定程度上深刻
地改变了旧的市镇体制；最后，它们建立了市镇与乡村，
行省与行省，以及同一邦国的不同地区之间的联系，并从
根本上影响着经济生活。首先，影响巨大的是，各等级定
期集会，并在同意征税之时习惯于将国家及其福利视为一
体，并主动思考着去分配、更改或创立税收。各等级所派
遣的委员们视察全邦国的情况，也是如此，其目的在于起
草一种财产税额，遵从同一原则并适用于全邦国。最后，
重要的是，在争取税收自由的伟大斗争中，特权阶级的所

有其他贡献——无论他们本身的贡献还是他们在金钱上的贡献——以及国家的需要，都得到了重视。在政治生活的任何其他领域中，没有一个原则被如此频繁地援引，以至于臣民将自己视为具有法律人格的成员，就像要求臣民在税收和其他方面做贡献一样。

在市镇中，税收的发展似乎遵循这样的过程：13 世纪主要是直接财产税的创制；14 世纪早期，则主要是消费税和其他间接税的产生；在 14 世纪的随后时期，财产税的重要性再次不遑多让。我不得不认为，领地邦国的发展路线想必也是如此。到 14 世纪和 15 世纪，争取的是完全确立土地税（Landbeden 和 Landschosse），以及根据胡符、家畜的数量、住宅和财产估价的其他财产税。这些税，一直通过粗糙地模仿旧的市镇税来征收，但没有任何好的结果。此外，每年有固定和常规的小额捐税，同时在某些特定的危难时期或战争时期，每隔两三年还要征收更高额的特别税。

到下一个世纪，即 1470 年至 1570 年，人们试图（到处都有证据）为领地邦国建立间接税制度，这也势必会引起市镇的间接税与建立于此基础上的贸易政策之间的冲突。诸侯对盐的垄断，包括封锁邦国与外界的联系，连同啤酒税、葡萄酒税和各种各样的通行税，都占据了主要地位。通行税制度的变更，尤其以勃兰登堡为例，这个问题我已在别处论述过；现在我试图指出，从 1470 年到 1600 年，旧的市镇和封建制度是如何在新的领地邦国的制度面前完全消失的。事实上，后者已逐渐变为纯粹的财政性质，尤其在 1600 年至 1640 年的黑暗岁月。然而，在某种程度上它继续受到经济因素的影响。对勃兰登堡同样重要的是引入啤酒税，从 1549 年开始，它成为各等级针对领地邦国债务所施行的整个行政管理的中心。由于勃兰登堡啤酒在国外大量销售，对其征收的重税使边境上的出口市镇受到了必要的优待：早在 1580 年至 1620 年，就有一场关于此地和邻近邦国对啤酒征税的影响的激烈辩论，实际上得到讨论的还有这种领地邦国的税收对商业和工业繁荣的普遍影响。各等级对啤酒税资金（Biergeldkasse）的管理逐渐发展成一种信贷体系，将全邦国的，尤其是几个市镇的资金，纳入其管理网络。任何凑巧有闲钱的人，都落入地区管理者之手，后者会用这些钱填补永无休止的赤字；每年都有成千上万的金古尔登被收回，又重新用于支付。债务办事处就像整个邦国的银行，正如市镇此前的储备金一样。全邦国的有钱人都和这个中心机构有密切的联系，以至于一旦它的收入不足，就可能引发一场可怕的破产危机。

三十年战争带来的财政和经济危机，开启了领地邦国征税的新时代，这一点我们在此不必提及。在勃兰登堡和其他诸邦，提高啤酒税的尝试完全停止，转而用五六十年的时间努力发展直接税、特别税及它们的课税依据（Kataster）。1670 年至 1700 年，当经济繁荣时期重新开始时，发展间接税，尤其是土货税（Akzisen/excise）的趋势，再次占据了主导地位。

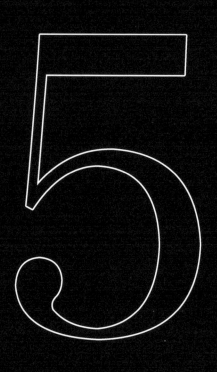

五、 民族国家

让我们暂且告一段落吧。我们的目的是通过勃兰登堡这一个特殊例子表明，在15世纪到17世纪期间，建立德意志领地邦国不仅是政治上的必要，而且是经济上的必要。同样的情况也发生在其他地方。荷兰的诸邦，法国的行省，意大利的城市国家均出现了同一现象。我们如把这一伟大的历史进程进行研究，便知道它使地方情绪和传统得到了加强，整个领地邦国的社会和经济力量得到了巩固，重要的法律和经济机构得到了建立；此外，这样联合起来的力量和制度将引起同其他领地邦国的竞争与战斗，包括大量通行税的转移、货物和船只的没收、禁运和货物销售战、进出口的禁止或诸如此类之事；与此同时，在邦国内部，旧的对抗缓和了，贸易也更加自由了。

这样一个强大而自治的组织，这样一个独立而有个性的政策，就像市镇在更早的时代所达到的，以及之后近代化国家所具有的那样，德意志领地邦国无论在什么方面都难以实现。自然，领地邦国的爱国主义不像此前市镇的或此后民族国家的那样强烈；15 世纪和 16 世纪的经济条件、生产方法、运输方式和劳动分工，并不需要像以前的市镇和后来的民族国家那样在经济组织上高度统一。尽管德意志的帝国宪法并不完美，但它仍然强大到足以在许多方面阻止领地邦国实施独立的经济政策。我们已经指出，就大多数领地邦国而言，它们的地理位置和边界严重阻碍了它们向意大利和荷兰的一些地区所取得的地位迈进。德意志西南部的任何地方，以及中德意志的大部分地区，几个等级的领地，包括伯爵、帝国城市以及修道院、主教和骑士的版图，都那么狭小，以至于如果没有其他原因，它们必然会停留在自然经济的阶段，并采取一种地方性的政策。在德意志的东北部实际上有更大的联合区域，但是在人口密度、资本供给、贸易与运输、行政机构与一般文化方面，至少在 1600 年时它们都逊色于德意志的西部和中部，以至于它们的经济制度仍然远远落后于西南部较大的诸邦；当然，部分原因还在于它们的统治者缺乏技巧以及其他意想不到的情况。1604 年，枢密院颁布的勃兰登堡法令不无理由地抱怨说，尽管环境优越、河流畅通，但外国商人来的次数越来越少，甚至可能绝迹；它也并非毫无理由地把这种情况归因于缺乏良好的政治，也就是归因于执政者的过分软弱和内外部缺乏团结。在三十年战争发生的过程中，事态变得更加恶劣：大战不仅消灭了人口和资本；更严酷的是，还在勃兰登堡和其他地方，将领地邦国的理性经济政策的开端埋葬在废墟之中，并在未来许多年削弱了对于这种政策的必要性的认识，以及在各地强化了地方的特权和专断。

而此时，也就是 16 世纪下半叶和 17 世纪，正是一个为经济转型提供了各种诱因的时代。道路已十分明了，要走出领地邦国的小圈子，进入更大势力的联合体，或许只有成为大国才有可能。印度和美洲向世界贸易开放了一个无从度量的疆域；对香料殖民地的占有，对新的金银产地的占有，向那些懂得如何攫取其战利品的国家预示了无限财富。但想要达到这一目的，必须有强大的舰队，或一个大的贸易公司，或其他一些相当的国家性组织。在其国内，同样重要的经济变动也发生了。新的邮政事业创造了一种新的通信系统。汇票，以及定期市集中的大型交易所，连同刚刚出现的银行，创造了一种巨大而空前的信贷机制。印刷术的发明，催生了一种民意，而报纸的激增及其与邮政的合作，也变更了交流方式。此外，少数几个国家进行了地理上的分工，打破了过去市镇工业的多面性；在这里，羊毛制造业集中在某些地区或围绕着某些城镇，而在那里，又集中着亚麻制造业。这里有皮革贸易，那里又有金属器的贸易。旧的手工业（Handwerk/handicraft）开始转变为家舍工业（Hausindustrie/domestic industry）①，旧的由商人亲自进行的货品贸易，开始呈现出代理人、佣金经销商和投机事业的现代形式。

所有这些力量汇集在一起，推动社会在更广泛的基础上进行某种大规模的经济改组，并导向建立具有相应政策的民族国家。德意志本身在交通、制造过程和劳动分工，甚至在对外贸易等许多方面都取得了辉煌的开端；但是，无论是它的帝国城市、汉萨同盟城市，还是它的领地邦国，通常都无法做到这一点。帝国当局更不知道如何着手完成现在迫切所需的巩固帝国经济的伟大任务：在 16 世

---

① 英译本原注谓 Domestic System 指的是在德国和英国，被工厂体系（Factory System）摧毁或威胁的一种工业生产方式，其特点是工人在家中生产。但是，Domestic System 到 19 世纪后期也被经济史学者用来描绘工业史的一个发展阶段。20 世纪后期经济史学界兴起的原始工业化理论，其研究的出发点与家舍工业有密切关系，而关注手工业史的施穆勒也被认为是该领域的学术源头之一。

纪，帝国当局完全忙于维持宗教和平①；在 17 世纪，它完全屈从于哈布斯堡王朝的奥地利政策和天主教政策。英格兰的毛织物充溢于德意志的市场。瑞典和丹麦正把自己组织成海上强国和商业强国。西班牙、葡萄牙和荷兰则瓜分殖民地贸易。除德意志之外，各地的经济团体都在向外扩张，并具有政治机构的性质；各地都涌现了新的国家性的经济和金融制度，并能够满足时代的新需要。只有在我们的祖国，旧的经济制度变得僵化且失去生机；只有在德意志，那些在 1620 年前就已拥有的国外贸易、制造业技术、资本供给，以及良好的经济习惯、联系和沿革，也逐渐并彻底地消失了。

与西方列强相比，德意志在一个多世纪的时间里出现的这种倒退，不仅仅是因为人力和资本的外部损失，最重要的甚至不是世界贸易路线从地中海向大洋的转移；它的落后是由于缺乏政治—经济组织，以及自身的力量不够统一。在这个时代，米兰、威尼斯、佛罗伦萨和热那亚率先获得财富和权势，然后是西班牙和葡萄牙，接着是荷兰、

---

① 当代研究者指出："不起作用的帝国工商业法经常逐字逐句地再次重复为比较强有力的邦国立法，并且有利于各邦国的重商主义经济政策，而对整个帝国却没有好处。"见马克斯·布劳巴赫等：《德意志史》第二卷上册，第 618 页。

法国和英格兰，丹麦和瑞典也在一定程度上如此，而其源泉，乃是经济事务中的一种国家性政策，它优于领地邦国的政策，正如前此领地邦国的政策优于市镇政策一样。这些国家开始把其时巨大的经济进步纳入它们的政治制度和政策中，并在两者之间建立起密切的关系。国家的兴起，形成了统一和富强的经济主体，与以往的情况大不相同；从这些与前此诸时代完全不同的特点看来，国家性的组织促进了国民经济的发展以及这种国家性的政策；与前此诸时代又有所不同的是，公共财政充当了政治生活和经济生活之间的纽带。这不仅仅是国家军队、舰队和公民服役的问题；这更是一个统一财政和经济制度的问题，它包含数百万人的势力，操纵着国家的一切，促使他们的社会生活也联系在一起。历史上一直有许多大的国家，但它们都不是通过流通和劳动分工，不是通过统一的经济组织而聚合为一体。现在的问题是——鉴于一个大的社会已分为彼此大相悬殊的社会阶级，而劳动分工又导致其更加复杂——尽可能在共同的民族或宗教情感的基础上，产生一种联合体，从而处置对外防卫，以及内部的司法与行政事务，还有货币与信贷、贸易利益和全部的经济生活。这个联合体，应与当初市镇政府面对市镇及其周边时所取得的成就相媲美。这不是统治者的纯粹幻想；更高等文明本身最内在的需要就在于，应当实现这种扩大和加强的社会与经济共同体形式。随着语言、艺术和文学上的共同体不断发展，民族精神的勃兴，交通和商业的增进，货币流转和信用交易日益普遍，中世纪那种旧的松散的联系形式已不再适用；早期所有死板的、地方的、社团的、阶级的和地区的组织，都成了经济发展不可容忍的障碍。在西班牙和法国，在荷兰和英国，从各种苦难和冲突中产生了统一的情感，实现了共同利益；也正是这些原因，促使人们跌跌撞撞地寻找新的、更广泛的联系形式。因此，经济利益和政治利益是相辅相成的。任何国家的民族意识、经济力量和政治力量越强，这场运动就越活跃；因为这意味着将国内的资源进行整合与组织，而不仅仅是利用国外的类似新生事物，对这些整合起来的资源加以衡量。整个 17 世纪和 18 世纪的各国国内政策，不仅在德意志，而且在其他各个地方，都可以总结为各国的经济政策跟市镇、地区和各阶级的经济政策的对立；而各国的对外政策，也可以总结为新兴诸国的利益彼此对抗，各国都追求在欧洲，以及在此时已包括美洲与印度的对外贸易中获得并保持自己的地位。政治权力的问题同样也是经济组织的问题。关键是创造出作为统一有机体的真正的国民经济①，其核心不应仅仅是一项向四面八方延伸的国家政策，而应是一种统一情感的蓬勃心跳声。

只有考虑过重商主义的人才会理解它；它的最核心不过是国家的构建（Staatsbildung/state making）——不是狭义上的国家的构建，而是同时构造国家和国民经济；近代意义上的国家的构建，是由经济的共同体创造出政治的共同体，并赋予它深远的意义。这一制度（System）的本质，并非基于某种货币学说，或贸易平衡的理论，也并非基于关税壁垒、关税保护或者航海法令，而是基于更远大的事物，即基于社会及其组织、国家及其机构的全面变革，也基于以民族国家的经济政策取代地方和领地邦国的经济政策。与之相一致的是，近来所发表的关于这一运动的历史文献指出，所有重商主义作者的共性，并非在意那些旨在增加贵金属的贸易规则，而是把重点放在货币的活跃流通上，尤其是在国家内部。

这些反对大贵族、市镇、社团、行省的斗争，以及把

---

① 国民经济（Volkswirtschaften）在英译本中为 political economy（政治经济），英译者可能为对应"是由经济的共同体创造出政治的共同体"。——编辑注

这些孤立的群体融合成一个经济与政治的整体的斗争，为争取统一的度量衡和货币、有秩序的货币和信贷制度、统一的法律和行政，以及国内更自由和更活跃的交通的斗争，创造了一种新的分工，一种新的繁荣，并由此解放了千倍的力量，走向进步之途。因为领地邦国的政策是建立在推翻独立的地方和市镇政策、限制和变更地方机构，以及加强整个领地邦国的公共利益的基础上的，所以几个世纪以来，国家和地方之间，诸侯领地和行省之间，一直在进行斗争。在国家尚未统治全民族之前，这项任务是加倍困难的。这场斗争主要是经济方面的，它必须消除所有旧的经济和金融机构，并创造新的共同利益和新的统一机构。在意大利和德国，这个过程直到我们这个时代才完全结束，法国在 1789 年还没有完全完成，英国甚至至今尚未完工，尼德兰则中途停止。

现在要注意的是，这场运动是由或多或少专制的 17 世纪和 18 世纪的"开明"君主发起和推动的。它的整个活动集中在经济措施上，它的重大行政改革是反市镇和反诸侯的，而它的主要目的是创造更大的经济有机体。对这些诸侯来说，重商主义政策并不是顺便为之；因为他们所有的计划及其执行都必然朝着这个方向发展。

　　如前所述，尼德兰在 17 世纪中叶受到了普遍的赞赏，它的市镇和行省保留着旧有的独立权；那里的地方和分省的精神如此强烈，甚至产生了某些有利的后果，但是那种精神能够带来强大、权力和财富，只是由于它受着反向的中央集权运动的恩惠。就连勃艮第的诸侯们也曾用开明的行政，来统一领地内的经济；后来，阿姆斯特丹及其所在的荷兰省在权力和资源上占据绝对的优势，因此它们具有绝对的话语权，并且唯独它们的发言受人关注。但是，八十年独立战争以及奥伦治家族（House of Orange），皆为联合而做出了更大的努力，奥伦治家族致力于在各种复杂的政治关系中应对当时决定性的经济问题。海军部门委员会（Oberadmiralitätscollegium/Admiralty Board）只存在了几年的时间（1589—1593），但后来奥伦治家族仍旧是独立诸邦的海军部门领袖，而依恃这个海军部门的除了舰队，还包括整个关税制度以及全部的海洋贸易。殖民地政策、航海政策、黎凡特（Levant）贸易的法规、鲱鱼和鲸鱼的捕捞条例，以及诸如此类，都完全集中化了。只要看一看《尼德兰联省的最高权贵们的决议书》的丰富内容，我们就会知道，共和国繁荣时期的经济和商业政策，在多大程度上是一种尼德兰人共同的利己主义（egoistisch/egoism）的产物。

它的迅速衰落始于第一次"无执政"时期（1650—1672）①，这种衰落最明显的原因是1650年至1700年后，资产阶级地方主义和分省主义（der Kaufmännische Lokal- und Provinzialgeist/bourgeois localism and provincialism）在一个又一个领域占据优势。

对法国经济史的思考，最明显地表明了这样一个事实：到处蔓延的重商主义，至少在国内是一个转型和统一的问题，也是一种对抗外界的屏障。路易十一（1461—1483）压制勃艮第和安茹，以及奥尔良和波旁的大贵族，抵制了社团狭隘的自私心，寻求在法国实行统一的度量衡，并禁止进口外国产品。1539年的法令，允许谷物在法国国内，特别是各行省间自由贸易，揭示了这样一个主张：在一个统一的政治体中，地方应在任何时候互相帮助和支持。1577年发布的贸易令以及1581年发布的工业令是属于领主权力的宣言，两者既不具有国家财政上的意义，又不具有中央集权上的意义；这与德·洛皮塔尔（de l'Hôpital）（1560年

---

① 低地国家争取独立的八十年战争结束时，荷兰议会认为和平时代不需再由集权的执政统治，军队指挥权被分散至各省，共和国中央军队被七支地方军队取代，海军则分散为五支，此即第一次"无执政"时期的开始。在此期间，荷兰与英国爆发战争，互有胜负，但总体看荷兰占下风。英国也正是在这一时期推出对抗荷兰的重商主义政策。见保罗·阿布拉斯特：《低地国家史》，何博文等译，上海社会科学院出版社2020年，第208—211页。

至 1568 年的首相）时代所颁布的命令的一般情况相同。黎塞留（Richelieu）拆毁贵族堡垒的行动，常被誉为法国迈向自由贸易的最重要步骤之一；他为建立法国海军而采取的积极措施，也是在发展相应于其他国家的一项独立商业政策方面做出的最重要贡献之一。[①] 柯尔贝尔管理国政期间（1662—1683）主要的斗争是对抗市镇和行省官吏，谢吕埃尔（A. Chéruel）[②] 认为就是后面这些人实际阻碍了经济的进步和工商业的发展。市镇服从统一法令，行省的庄园被部分废除，行省总督的权力被削弱，并由行政负责人（Intendanten/intendant）代替；柯尔贝尔的措施包括他的巨大的公路和运河工程、他对邮政与保险的兴趣、对技术和艺术教育的兴趣、对国家创办的展览会和模范建筑的兴趣、对私人和公共模范工业设施的兴趣；他改革了河流通行税，统一了内地省份的海关制度，所有这一切的目

---

　　① 黎塞留为法国国王路易十三的首相，在他领导下，法国开始迈上称霸欧陆的道路。1626 年初，黎塞留被路易十三委以兼管商业与航运之重任，其职责为在国王的直接统领下，推行一项积极的海运贸易政策。当年底，黎塞留召开显贵会议，在开幕式上，这位大臣的代理人发表讲话，指出法国自 1620 年以来每年的财政开支为 4 000 万里弗尔，财政收入却不超过 1 600 万里弗尔，而开支急剧增加的主要原因是内战，故应该有计划地拆除那些可能被叛乱利用的国内堡垒。此外，鼓励发展贸易，减少进口外国产品和提倡出口，也是增加国库收入的可靠办法。见米歇尔·卡尔莫纳：《黎塞留传》下册，曹松豪等译，商务印书馆 1996 年，第 520—521 页。
　　② 英译本原注指出这是一名法国历史学家。

的只有一个，就是使法国人民在其辉煌的君主制下有一个
高贵而统一的政体，不仅在文明层面上而且在政治层面上
统一，以配得上民族（national/nation）之名。① 柯尔贝
尔的大法典，如 1667 年的公民法，1669 年的河流与森林
一般法规，1670 年的刑法，1673 年的商法，使法国实现
了法律上和经济上的统一；就经济方面而言，它们甚至
比 1664 年和 1667 年的关税税则更为重要，因为后者在消
灭国内关税壁垒上并不成功。

　　到 1748 年，奥地利还未摆脱各省之间松散的联盟。
但它仿效普鲁士的行政后，情况便大不相同了。在大选侯

---

　　① 1663 年 9 月，柯尔贝尔将调查问卷分送法国各省，期望在制定各项
政策前摸清国情，同时也将中央的战略意图告知地方。柯尔贝尔的问题分门
别类，包括地图、军事、财政、国王的收入、省份的形势、商业、海军、制
造业、运河、桥梁与道路、马场等，这也显示了重商主义确实是一个关系到
国家富强的体系。对于商业，柯尔贝尔向各省如此发问："陛下想要知道每
个省过去四十或五十年时间里贸易和制造业的变迁；重要的是，在当下，或
者此前，对外贸易是否衰退了，衰退的原因是什么，要如何重振？如果制造
业被放弃了，为什么会发生这种事，要如何重建制造业？"柯尔贝尔称，国
王希望各省"特别关注商业和制造业"，因为国王认为商业和制造业"是将
财富吸引到王国并使相当数量的臣民能够生活得更容易的两种主要方式"。
对于海军，柯尔贝尔要求调查清楚法国臣民拥有的船只数量，并要求各省
"必须大力敦促每个城市主要的商人和贸易商购买更多船只，去组建对外贸易
公司，去实施远洋航运。政府必须承诺会保护商人并满足他们的需求"。对于
制造业，柯尔贝尔要求各省既要重振传统制造业，又要建立新的制造业，并
承诺国王会给予保护。见 William Beik: *Louis XIV and Absolutism: A Brief
Study with Documents*, Boston and New York: Bedford/St. Martin's, 2000,
p. 89。

统治时期（1640—1688），普鲁士政府已经具有能力创造财政、经济和军事的统一，弗里德里希·威廉一世在位期间（1713—1740）这种能力更加增强，这在当时的欧洲大陆上没有别的国家能做到，使普鲁士得以从最难以驾驭的境况，从各片领地互不相连并几乎彼此敌对的境况中脱离出来。[①] 并且，正是在这一时期，政府给自己定下目标，要在各领地的内部迎头赶上，并追求德意志的其他某些地区在 1600 年之前已经取得的统一和自给自足。当时，它致力于勃兰登堡、波美拉尼亚、马格德堡、东普鲁士和莱茵省（克利维士和边区）的重整，它通过使市镇和贵族服从国家的权威，通过建立统一的省级行政权，主动担负起了一系列的任务，包括：给这些贫穷的小领地真正的政治和经济统一；参与欧洲的政治；并通过一项独立的贸易和工业政策，为这些北方的领地争取同古老而富有的大国并

[①] 1415 年，霍亨索伦家族来到勃兰登堡边区；1466 年，条顿骑士团成为波兰的附庸；1525 年，霍亨索伦家族的一名成员被波兰国王册封为普鲁士公爵；1568 年，勃兰登堡的霍亨索伦家族成为普鲁士的共同受封者；1618 年，勃兰登堡的霍亨索伦家族才开始继承普鲁士。可以说，普鲁士国家的建立是欧洲中世纪封建体系之余绪，其根基既浅，其领土亦七拼八凑。哈夫纳（Sebastian Haffner）的评论可谓中肯："就某种意义而言，普鲁士不见得有存在的必要，它未必应该在那里。普鲁士不同于其他任何欧洲国家，它总是可有可无，而且终其一生都需要依赖过度发达的'国家求生意志'和'军事自保动能'，才得以弥补这种出生时的缺陷。"见赛巴斯提安·哈夫纳：《不含传说的普鲁士》，周全译，左岸文化 2012 年，第 48 页。

驾齐驱的地位，尽管这些领地上人丁稀少，也缺乏海洋贸易、矿业和大规模的制造业。从 1680 年到 1786 年，普鲁士行政的全部特征，都取决于它根据小而破碎的地理环境，从事于统一民族的政策，来追求德意志清教徒们和重商主义者们的目标，并履行此前传下来的治理领地邦国的任务，由此在战争与和平、政治与经济中，通过一种并未超越领地邦国手段的"伟大风格"实行了民族国家政策。我们这里的任务仅仅是要表明：在普鲁士正如在其他地方，国内的改革和中央集权、领地邦国的经济向国民经济的转变，跟重商主义制度（System）之间的联系是多么密切；以及国内政策和国外政策如何互相补充，共同构成一个体系（System）中不可或缺的组成部分。

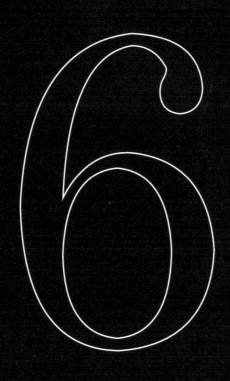

六、 重商主义

如果我们暂停一下，来探究 17 世纪和 18 世纪欧洲国家的内外经济政策——即迄今为止被定义为重商主义的制度——的本质特征，那么我们的目的自然就不是描述它的若干形式的细节了。重商主义法规的一般特点是众所周知的：阻碍制成品的进口，它们的生产和出口则得到了原材料出口禁令、制成品出口补贴和商业条约的支持。通过限制或禁止外来竞争，国内航运、渔业和沿海贸易得到鼓励。与殖民地的贸易和向它们供应欧洲商品，都保留给母国来做。殖民地产品的进口必须直接取自殖民地，而不能经由其他欧洲港口；到处都有人试图通过享有特权的贸易公司和国家多方面的援助，来建立直接的贸易关系。英国通过发放赏金，促进了谷物的出口，同时也促进了农业的繁荣；法国则为工业的利益，阻止谷物的出口；较晚些时候，荷兰设法建立了一个非常大的谷物仓库和一个非常自由的谷物贸易制度，从而既确保充分的国内供给，又鼓励贸易的发展。但是，正如我们已经说过的，对这几项措施的叙述将超出本文的目的。它的一般特征是已知的，细节却还没有得到应有的科学的探究。我们在这里的唯一目的是掌握这个制度的基本概念，这样自然就能找到其各种各样的表现，有的是提高关税，有的是降低，有的是阻止而有的却是鼓励谷物贸易。各地的想法都是这样的：当与其他国家的竞争上下波动时，便按照国家利益的要求，把国家权力纳入衡器中称量。

于是，在长期的舆论交锋后，随着全国的经济利益在某些广为接受的假设中找到了一个集结点，关于民族性和国家性经济政策、关于应对外部世界的保护、关于国家在对外的重大经济利益竞争中提供支持的那种思想，就要并且必然要产生了。在将旧的市镇和领地邦国制度转变为国家和民族的制度这一需要出现之前，关于民族农业、民族工业、民族航运和渔业、国家货币和银行系统、国家劳动分工、国家贸易的概念就一定已经形成了。但是，一旦这种需要出现，似乎理所当然的是，无论在对外关系中还是在国内，国家的全部权力就应该为这些集体利益服务；就像此前的市镇和领地邦国的政权为各自市镇和领地的利益服务一样。无论在特定的经济生活中还是在普遍的社会生活中，争取生存的斗争都必须始终由或小或大的团体以及共同体来实施。在未来的任何时候，情况也将如此。这些时代的实践和理论，与这种普遍趋势相符合，因此比亚当·斯密的理论更接近现实；弗里德里希·李斯特的主要思想即是如此。

然而现在并不是我们论述这个普遍趋势的时候，我们所要做的是了解它表达自己的特殊形式及其原因，以及为什么它后来会在其他趋势出现之前迅速消失。

早期的大国没有展示出重商主义制度形式的任何商业政策，这并不是因为纯粹个人主义经济生活的乌托邦（Utopia）更实际，而是因为它们不是统一的经济实体；当它们统一时，此前早已存在的经济团体以及市镇政策的继承权才被转交给它们。在克伦威尔和柯尔贝尔时期，并不是因为货币、货币经济或工业或贸易突然联合起来扮演了一个新角色，人们才去引导从事进出口贸易和殖民地贸易，并使它们受政府的控制。相反，是因为那时候，从较早和较小的共同体中已经产生了许多大的民族共同体，其力量和意义都基于其心理上与社会上的协同；并且它们开始模仿的，并非早先查理五世在西班牙所施行的政策，而是早期所有的市镇和领地邦国，从推罗和西顿到雅典和迦太基所施行的政策，① 它们还在整个国家和民族的广泛基础之上，实施比萨、热那亚、佛罗伦萨和威尼斯以及汉萨同盟的各市镇在其鼎盛时代所施行的政策。贸易平衡的全部理念和主张，如当时所兴起的那样，只不过是一种关于经济进程，并将经济进程分属于不同国家的观念所产生的附属结果。就像在当时来说，人们的关注点一直被置于特定市镇和领地邦国的进出口上一样，现在，人们试图把握整个国家的贸易，以这样的方式总结，以便更好地理解，并得出一些实际的结论。这样的联合显然暗示着，像英格兰这样的国家，由于其孤立的位置和狭小的国土面积，国民经济很早就作为一个整体，把它的出口和进口、货币供给和贵金属的来源等展现于观察者的眼中了。

所有的经济和政治生活都依赖于心理上的群体运动、群体情感和群体观念，并围绕着一个中心点。那个时代可以

---

① 古希腊历史学家修昔底德曾论述古代世界海权与经济之间的关系："因为希腊的势力增加，获得金钱的重要性愈来愈明显，几乎所有的城市都建立了僭主政治。收入增加，造船事业兴旺，于是它们的野心开始倾向于海上势力了。一般人都认为科林斯人是最早采用近代方法建造航海设备的，据说，希腊最早的三列桨大船是在科林斯建造的……历史上所记载的第一次海军战役是科林斯人和科西拉人间的战争……科林斯因其财富而势力增加……"这就是古代城邦推行过的政策。见修昔底德：《伯罗奔尼撒战争史》上册，谢德风译，商务印书馆1960年，第12—13页。

开始本着自由贸易的精神来思考和行动了，它把国家发展到最好的状态视为理所当然，而把国家为之付出的辛劳工作，和国家进行斗争所产生的代价，皆抛诸脑后；一个有着世界主义情绪、有着跨国交通的伟大制度与伟大生意、有着人性化的国际法，以及有着到处扩散的个人主义文学的时代，早已开始融于一个世界经济（a world economy，德文为 eine Weltwirtschaft）的思想和趋势中了。17 世纪，人们刚从地方情绪上升到民族情绪，国际法也尚不存在。天主教国家之间的旧纽带已经被打破，当时所有的思想运动都集中于新的民族生活上；那种生活的脉搏跳动得越有力、越响亮，它就越能感到它的独特性，它就越是不可避免地要以一种严酷的利己主义来对抗外面的世界。每个新的政治团体的形式，都要有一种强烈的和排他的共同情感，作为它们的力量根基。对它来说，争取自给自足和独立的斗争是很自然的，就像一种毫不犹豫地进行激烈竞争的精神，目的是要赶上、超越和粉碎它认为是敌人的对手。当时的商业政策完全以自给自足（autarchy）① 的规律为指导。而实现自给自足后的努

---

① 英译本注特别指出该词来源于亚里士多德对于国家（state）的描述，指的是自我维持，用英文表达包括"self-completeness"或英文本在前面使用过的"self-sufficiency"。

力，自然地在国家的青春期，以一种特别猛烈的和一边倒的形式表现出来。

那种认为所有国家的经济利益是自然和谐的学说，实属大谬不然，正如当时认为一个国家的利益总是对另一个国家不利的观点一样。后一种见解，不仅植根于此前市镇和领地邦国之间激烈的斗争，当东印度（香料）群岛、美洲银矿的占有权经过战争和流血冲突而落入少数几个国家之手时，这种见解就更加强化了。似乎不可避免的是，一个国家在另一个国家插足后就不得不撤出。事实上，所有的社会实体，因此也包括其中的经济体——首先是市镇和地区，然后是民族和国家——都以一种双重的关系相互联系。一种是相互补充的作用与反作用的关系，一种是依赖、剥削和争夺霸权的关系。后者是根深蒂固的，只有经过几百年和几千年的过程，这种对立才慢慢缓和。即使在今天，经济强国也寻求在所有国际关系中利用它们的经济优势，保持弱国对它们的依赖；即使在今天，任何半开化的民族或部落都处于危险中，英国人或法国人在这些民族或部落中确立了自己的地位，起初是令其堕入抵偿债务的奴隶身份和不利的贸易平衡中，随后则是政治兼并和经济剥削——虽然这在事实上，可能会变成对半开化的民族或部落的一种经济训导（economic education）。

在 17 世纪和 18 世纪，各国之间的关系，尤其经济关系，是特别仇视和对立的，因为新的经济—政治创造物们在初次尝试它们的力量，又因为这些可观的政治力量都是首次被用于追求商业、农业和工业的目标——这些力量似乎只要得到正确使用，便可以给每个国家带来数不尽的财富。古往今来，历史常显示国家权力和国家财富有如姊妹，但也许它们从未像彼时那样紧密地联系在一起。在当时，大国受到的诱惑，是用它们的政治权力，与它们的经济竞争对手发生冲突，并在可能的情况下，使其毁灭；这种诱惑太过强大，致使大国一次又一次难以抵挡魅惑，使它们或无视国际法，或扭曲国际法，来达到它们的目的。即使在名义上的和平时期，商业竞争也退化为一种不宣而战的敌对状态：它使各国陷入了一场又一场的战争，使所有的战争都朝着贸易、工业和获取殖民地的方向发展，这是前所未有的。

人们常常注意到，宗教战争之后，经济和商业利益支配着欧洲各国的整个对外政策。的确，即便是古斯塔夫·阿道夫①远征德意志，也只是波罗的海贸易对弈中的一步

———————

① 即瑞典国王古斯塔夫二世·阿道夫（Gustav II Adolf, 1594—1632），欧洲杰出的军事家，在三十年战争中多次击败天主教联军。——编辑注

棋。同样，瑞典后来的战争，目的是征服波兰；而俄罗斯向波罗的海沿岸的瑞典和德意志行省的侵略，都是为了取得和控制波罗的海的贸易权。

在东印度群岛，这里是古代东方的商品、珍珠和香料的供货来源，捷足先登的是葡萄牙人，他们以闻所未闻的残酷手段，毁灭了阿拉伯人的贸易，并将只能与葡萄牙人贸易的规则强加给所有的亚洲部落和国家。同样，在后来的时代，荷兰人得以把葡萄牙人赶出去后，为自己在香料贸易中获得类似的垄断地位，并通过计谋和商业才能，使其他欧洲人无法染指；如果需要，还可以用残酷的暴力和流血，使东方民族在商业上受其支配。荷兰人曾夸耀他们为宗教自由和摆脱西班牙束缚而英勇斗争，但用"不偏不倚"的眼光去看时，同样可以将其视为长达一个世纪的为征服东印度群岛而进行的战争，以及在同等长的时间里，对西班牙运银舰队与西班牙美洲殖民地贸易的掠夺和袭击。这些荷兰人，因为他们曾经降低关税而受到我们时代天真的自由贸易主义者的赞扬，殊不知他们原本是有史以来最残酷与最好战的、追随重商主义风潮的垄断主义者。①

---

① 出生于安特卫普的尼德兰重商主义者威廉·乌塞林克（Willem Usselincx），在17世纪初曾构想过将美洲作为荷兰制造业尤其是毛（转下页）

正如他们禁止没有荷兰通行证的其他任何欧洲和亚洲的商船在东印度群岛水域通行，而这个通行证只能用黄金购买，正如他们用武力和条约封锁了比利时港口安特卫普，不许其通商①，正如他们压服了普鲁士在非洲的殖民地，以及其他国家的无数殖民地；② 同样，在国内，他们禁止所有捕鲱鱼的人把他们的货物带到荷兰市场以外的任何地方，禁止他们使用外国的服务，或者将他们的手工业工具输出到国外。尽管一开始，他们对进出口货物征收低税，但只要他们认为可以促进荷兰的利益，他们就不断地采取专横的禁令；1671 年，他们对法国进口货课以最重的关税，到了 18 世纪，当他们变得过于怯懦而不愿为自己的

（接上页）纺织业市场的战略。在《关于确保西印度商业自由对荷兰共和国具有何等必要性的证据》中，乌塞林克认为，荷兰应该致力于限制美洲发展制造业，同时排挤他国制造业商品的竞争："因为在（西）印度完全没有纺织、铁器制造、磨米、铜器制造等手工业生产活动。因此，绝对不能允许由我国到那里的任何人从事上述几种手工业活动。对于居住在那里的人们，只能允许他们从事那些为那里所必需而又不会给商业和我国带来危害的农业或某些手工业活动……通过上述办法，我国的手工业者将可以比在其他地方销售这些手工业产品获得更多的报酬。不仅如此，从我国运往（西）印度的产品，必须是在我国制造、贴上商标、经过选择的商品。"见大塚久雄：《股份公司发展史论》，胡企林等译，中国人民大学出版社 2002 年，第 359—360 页。

① 英译本注谓，由于 1648 年《威斯特伐利亚条约》里的条款，要保证"斯凯尔德河（Scheldt）的关闭"，海上商船不得直接驶往安特卫普，它们必须在一处荷兰港口卸货，再用驳船将商品通过河流运至安特卫普，直到 1794 年，斯凯尔德河才被法国人重新开放。

② 英译本注谓，此处普鲁士的殖民地指黄金海岸的勃兰登堡（Brandenburg），设立于 1681—1683 年，于 1720 年被迫交给荷兰。

商业目标发动战争时，他们就重拾最极端的保护主义。在他们的繁荣时期，他们几乎无间断地出于商业目的发动战争；在 17 世纪，他们展示了比其他国家更多的技巧，从战争中获取新的商业优势。他们对垄断的顽固追求引发了英国颁布《航海法令》[①] 以及柯尔贝尔提高关税；并激起英、法两国采取了与他们相似的通过武力来追求狭隘商业目标的政策。英国与荷兰之间血腥而代价高昂的战争，依诺尔登（Noorden）[②] 所言，除了为维持《航海法令》外别无他意。1672 年法国入侵荷兰，是对荷兰人愚蠢而无节制地报复柯尔贝尔关税的一个回应。

西班牙王位继承战争，与 1689 年至 1697 年的大同盟战争类似，主要是英国与荷兰一起对抗工商业力量日益增长的法国，并且对抗法国的贸易与西班牙的殖民力量联合起来的危险前景。正是利润丰厚的西属美洲贸易之争，成

---

①　《航海法令》（Navigation Acts），英国重商主义的代表性政策。有法学家指出，英国最早的航海法令是由理查二世制定的，其目的是壮大当时已经极度萎缩的英格兰海军。爱德华四世采纳了该法令，没有增添新的内容。此后该法令又由亨利七世传承。1651 年英格兰议会发布的《航海法令》是最有名的。《航海法令》的首要目的是使荷兰人不能享有由货运贸易带来的财富，第二个目的则在于扩大英国航运业的势力范围与海员的雇佣规模。参考 Francis Ludlow Holt：*A System of the Shipping and Navigation Laws of Great Britain: And of the Laws*，London：Law Booksellers，1820，pp. 5-6；p. 17。

②　英译本注显示是一位名叫 Karl von Noorden 的作者，未提供更多信息。

为英法两国敌对的主要诱因，并一直维持到 18 世纪中叶以后。欧洲制造业对西班牙美洲殖民地的供应，只能通过西印度群岛的走私贸易或通过西班牙，即经过西班牙的港口与市镇来实现。由于西班牙工业只能满足殖民地的部分需求，问题就变成，西班牙将允许谁参与贸易——它是否会对走私睁一只眼闭一只眼，如果会，又将由谁、在多大程度上来进行走私；法国能否绕过英国，或者英国能否绕过法国，进入西班牙和西印度群岛。英国同西班牙从 1739 年到 1748 年的战争——在 1744 年演变为英国同西班牙和法国的战争——的主要目的，不是别的，就是为英国和西属美洲之间的走私贸易争取一条自由通道；在公众的观念里，这场战争一般被戏称为"走私者之战"（Schmuggler krieg/the Smuggler's War）。

众所周知，七年战争的起因是英法在北美的殖民竞争。俄亥俄和密西西比应该为拉丁种族还是条顿种族提供殖民和贸易的场所，以及未来一百年或两百年的海洋与商业霸权是属于英国还是法国，这场经济上的争执影响深远。普鲁士的伟大国王①也卷入了这场争执，因为他不能

---

① 指弗里德里希二世（即腓特烈大帝）。——编辑注

容忍他的老盟友法国在汉诺威，也就是在德意志，攻击他的旧敌人英国。为了在这场商业和殖民战争中捍卫德意志的中立，他自己也卷入了战争；1757 年，当他勇敢的军队在罗斯巴赫（Rossbach）和其他地方击败法国人时，他们在同一时间决定了关于世界贸易和未来殖民发展的重大问题。没有普鲁士陆军和英国海军的胜利，英国到今天也不会有世界范围内的贸易，美利坚合众国也不会存在。如果是那样，或许今天在加尔各答和孟买，就像当时在俄亥俄和密西西比一样，官方语言还是法语。

英国的商业伟绩和霸权可以追溯至 1756—1763 年战争的胜利。但是，在拿破仑战争中，英国达到了用武力征服殖民地，并在商业嫉妒的驱使下破坏法国、荷兰、德意志和丹麦等国商船队的历史高峰。英法的商业对抗，一边是英国舰队的无耻暴行，一边是大陆封锁，构成了商业战争时代可怕的结局。此后，另一种精神开始在商业政策和国际道德中产生；当然，旧的传统还没有被完全克服，事实上，只要存在着一种具有独立的国家利益的独立的政治经济生活，它永远也不可能被完全克服。

七、 民族共同体

　　1600 年到 1800 年充满长期战争，每一场都持续几年甚至几十年，并把经济目标作为它们的主要目的；1689 年，大同盟公开宣布它们的目标是摧毁法国的商业；大同盟的成员国禁止对法的一切贸易，甚至中立国的对法贸易，丝毫不顾及国际公法——所有这一切都展现出了时代精神的真面目。国家对经济竞争的热情已上升到如此高的程度，以至于只有在这样的战争中，它才能得到充分的表达和满足。在和平的休战期，人们满足于用禁令、关税和《航海法令》的暗斗来代替海战；他们在和平年代所做的，是在一定程度上比在战争时期更多地关注国际法发出的微弱声音——这本身就是国际狂热的一种缓和形式。

　　国际法的唯一意义，就是对国家过度竞争的抗议。所有国际法都建立在下述概念上：从道德的观点来看，国家和民族应形成一个大的联合。自从欧洲人失去了由教皇和帝国创立的共同体的感情之后，他们一直在寻找其他可以支持联合的理论；他们在重新觉醒的"自然法"（Naturrecht/law of nature）[①] 中找到了这一点。但是，人们最初为之奋斗的、他们在自然法中寻求论证的特殊观念，主要是当时正在进行的经济和商业斗争的产物。[②]

西班牙和葡萄牙是最早攫取大规模殖民地的国家，它们从教皇那里获得了整个海洋世界的一部分的统治权，教皇还将其指定为两国的专属财产，在此之后，刚刚出现的自然法便把海洋自由（Mare liberum）的学说推进了一

---

① 在从希腊城邦向罗马帝国过渡时，欧洲出现了自然法和现行的帝国法律之间的二元区分。所谓自然法，是具有普遍性的不变的道德规范或法则，从逻辑上说必然凌驾于具体的可以变更的现行法律之上。起初，诠释自然法的权力掌握在罗马皇帝手上，自然法可以用来为帝国现行法律辩护。后来，罗马皇帝将诠释自然法的任务委托给天主教会，随着帝国的衰落，天主教就取得了对世俗统治者进行合法批判的权力。因此，自然法逐渐演变为一种非现实主义的普遍原则。参考希尔贝克、伊耶：《西方哲学史——从古希腊到二十世纪》上册，童世骏等译，上海译文出版社 2012 年，第 158—159 页。

② 现代国家主权观念，即来自世俗政治权力凌驾于自然法之上，这一点赋予了欧洲大国的重商主义以合法性。主权理论的提出者让·博丹写道："如果是在饥荒年月，君主下令禁止粮食贸易，这项禁令就不仅有利于公益，而且也是正当的、合理的……然而，当饥荒过去，疾苦已结束，如果禁令仍未撤销，臣民违反君主的禁令仍然是不合法的；或者因为上帝造成了各国粮食产量的不均，导致一个国家的粮多，另一个国家的粮少，自然公正的法则就会命令我们帮助少粮的外国人，并提供给他们一定份额的食品——但基于此自然公正法则的所为导致的对君主禁令的违反，仍然是不合法的。"见让·博丹：《主权论》，李卫海等译，北京大学出版社 2008 年，第 75—77 页。

步。1609 年，格劳秀斯以这种方式为他的荷兰同胞创造了一种合法的辩护，让他们继承葡萄牙和西班牙的旧领地；[①]英国人则拥护领海（Mare clausum）这一相反学说，表明英国享有"不列颠海"的独家统治权，以使他们免受荷兰人在航海和渔业方面的竞争压迫。丹麦宣布了其海洋主权，作为在厄勒海峡征收暴虐的通行税的理由；波罗的海沿岸的其他强国，也站在同一立场，不许大选侯创立舰队。的确，海洋自由这一普遍原则慢慢地得到了广泛认同，但起初，每个国家都只承认给自身带来了一些好处的特定学说。

当时几乎所有的战争都是以欧洲"均势"的名义进行的。但是，谁会否认均势这个想法有其合理性，并且它为各国间的一个伟大共同体与和平的未来奠定了基础呢？但是，起初这只是从国际法中摘来的一个词，被用来为大国的每一次任性、大国对国际关系的每一次干预以及大国对

---

① 格劳秀斯的理论建立在反对自给自足的哲学基础之上，这正好与施穆勒所言的重商主义精神相反。格劳秀斯在讨论"海洋自由"时写道："上帝……无意让每个地方都产生人类生活所需的一切东西，所以他要求某些民族在某一方面具有优势，而另一些民族在另一个方面胜出……也就是说，上帝希望人类通过彼此间互为需要和资源共享来促进人类友谊，以免每个人因认为自己完全能够自给自足而索居离群。"见雨果·格劳秀斯：《论海洋自由或荷兰参与东印度贸易的权利》，马忠法译，上海人民出版社 2013 年，第9页。

小国命运的每一次干涉作辩解：这是一个面具，它掩盖了西方列强无声的阴谋，以阻止新兴大国如普鲁士的崛起，并使新兴大国的贸易和整个经济生活都保持在依附关系中。

较为温和的原则逐渐成长，这是 18 世纪国际法的伟大进步。该原则对小国更有利，它可以用"自由船只，自由货物"来概括，超越于被印在《海事法典》（*Consolato del Mare*）① 里的中世纪原则，那种中世纪原则要求对敌人的财产，哪怕是友好的中立国船只上的敌人财产进行没收。但是英国从未奉行这一现代原则，并以置若罔闻的厚颜无耻的态度，采用受民族利己主义操纵的海事法庭的决议，在战争时期不断地伤害各中立国的贸易，即使英国并不能毁灭这种贸易。布歇尔（Johann Georg Büsch）② 在 1797 年指出，过去的 144 年里，英国有 66 年在最血腥的海战中度过。一方面英国人都或多或少致力于使用武力来征服殖民地；另一方面则破坏中立的贸易，即较小国家的贸易。

英国人的侵袭行为离我们这个时代最近，他们也强烈地影响了德意志；因此，用今天的标准来衡量，我们倾向

---

① 英译本注谓这是一种地中海沿岸商人海事规则的集合，于 14 世纪中期出现于巴塞罗那。

② 英译本注指此人生卒年为 1728—1800 年，是贸易问题上有影响力的出版商和作家。

于对他们进行最严厉的谴责。然而总体上说来，他们并无过错，因为所有的商业强国都在用同样的手段对待弱国。虽然我们谴责这整个时期在政治—商业斗争中的过分行为，并看到到处都夹杂着许多不公正和错误；然而，我们必须承认，这种情绪和谬误是新的国家政策和国民经济成长所必然伴生的。我们又一定会感觉到，不应该赞扬那些没有实行这种政策的国家和政府，而那些知道如何以比其他国家更巧妙、更有力和更有系统的方式实施这种政策的国家和政府，则该受表彰。显而易见，正是那些理解应当怎样迅速、大胆和目的鲜明地利用其舰队和海军、海关税则和航海法令，来服务于民族和国家经济利益的政府，在斗争中并在财富与工业繁荣方面取得了领先优势。虽然这些政府经常做过了头，又只受一半真理、一半谬误的学说的指导，并通过暴力和剥削的手段敛财，但与此同时，它们也给自己的人民以经济生活所必需的权力基础，并给予其经济发展相应的推力；它们为民族的奋斗提供了伟大的目标；它们为落后的国家创造和解放了前所未有的或是曾经沉睡的力量。自然而然的是，对于每个国家来说，在这些斗争中所发生的野蛮和不公正的事情，都会在民族和经济成功的光辉下遭到忽视。由此我们明白，人们想了解的只是克伦威尔或柯尔贝尔能否促进整个民族的繁荣，而不是他是否在某些方面对外人不义。历史的正义也没有更多的要求了：它赞同任何这样的政府制度，只要该制度能在国内外采用那个时代通行的手段，在一定时期内帮助本国人民实现民族伟大和道德统一的宏伟目标；进一步说，只要这种制度作为一种模范的内政体系，弥补了其以民族与国家利己主义苛待邻人的缺陷。

无论如何，有一件事是清楚的：单个的共同体无法从席卷欧洲诸国的洪流中退出，更别说一个仍在致力于向上攀升的小国了。在这样一个国际斗争和经济斗争如此激烈的时期，不倾尽全力自我防卫，便会被无情粉碎。早在 16 世纪，德意志就明显处于不利的地位，因为它既没有法国在民族和政治-商业上的统一，也没有像英法一样开始实施重商主义的法规。这在 17 世纪更为明显。西方的陆军和海军强国不仅把德意志赶出了它在早期殖民世界占领的少数领土，而且日益威胁到它长期把持的贸易领域。汉萨同盟的商人到处被排斥。德意志大河的港口一个接一个地落入外人之手：莱茵河归法国、荷兰及西班牙保护，威悉河归瑞典，易北河归丹麦，奥得河也归瑞典，维斯瓦河则归波兰人统治。这些外来统治者在河口征收的通行税，在

许多情况下是有意为之的最后一击。正如荷兰人用差等的
关税，摧毁了汉萨同盟在自己各市镇中的贸易；正如荷兰
和英国通过暴力和没收船只的手段，使德意志无法同西班
牙和葡萄牙直接贸易——荷兰人就是这样巧妙地利用了他
们在莱茵河和波罗的海日益增长的势力，使德意志本身在
各种经营中都处于从属的地位。作为德意志原材料的唯一
或最重要的采购商和印度香料的唯一供应商，荷兰人获得
了几乎令人无法容忍的垄断地位，在 1600—1750 年期间，
这种垄断通过德意志对荷兰货币市场的无条件依赖达到了
极点。荷兰关注的是印度的货物，而法国留意的则是制造
品和工艺品。那些不受荷兰商业管理者统治的汉萨同盟的
市镇，成了英国债权人的奴隶。丹麦则要通过征收厄勒海
峡和易北河的通行税，并利用它的商业公司，来摧毁德意
志的航业、渔业和贸易。上述情况对德意志产生的严重影
响，不仅存在于三十年战争时期，而且持续了一代、两
代、三代人之久，到了那个时候，西方列强都已牢固地建
立了它们新的政治-经济体制。利用海上和商业上的统治
地位，利用残酷的国际法的支持，以及利用一种外交，这
种外交使用精巧设计的阴谋，主要是向弱国与缺乏经验的
民族强行施加了不利的、卑鄙的商业条约——通过所有这

些，西方列强公开地采用一半真理、一半谬误的学说，认为一国贸易的优势，常常是而且必然是对他国不利的。1670 年至 1750 年间，从德意志可以听到关于商业无法独立、关于法国制造业压迫、关于各国商人泛滥的悲痛哀歌。对帝国政府可怜的处境的控诉如潮水般涌来，但它无法提供任何援助，而且控诉正像雪崩一样激增。德意志的经济状况，如当时著名的经济作者所呼喊的，取决于雷根斯堡帝国国会的议员的倾向。最后，所有的呼声，学者的或人民的，都达成一致，这里只有一条出路了；我们必须像荷兰、法国和英国对我们之前所做的那样去做，我们必须杜绝外货，我们必须再次成为我们自己的主人。事实无情地清楚地告诉他们，在最先进的国家以最严酷的民族利己主义，用金融、立法和暴力的一切武器，用航海法和禁航法，用舰队和海事法庭，用公司，用国家指导和支配下的贸易，为生存而进行集体斗争时，他们若不成为铁锤，就一定会成为铁砧。

1680 年到 1780 年，德意志的问题不在于重商主义政策是否必要和可取；关于重商主义，它是为人所一致赞同并认为是适宜的。重商主义的理想虽然有时以夸张的形式表现出来，或以片面的经济理论尖锐地表现出来，但实际

上只不过是一场为建立一个健全的国家和一个健全的国民
经济，并为推翻地方和行省的经济制度的强硬斗争。它们
意味着德意志对自己未来的信念，意味着摆脱对外国的商
业依赖，这种依赖正变得越来越难以忍受，并教育着国家
走上经济自给自足的道路。普鲁士军队的胜利以及国家的
财政和商业政策，服务于同一目的；依靠这两者，普鲁士
在欧洲大国中占据了一席之地。

　　这个国家的国内经济政策的困难包含于此：普鲁士国
家（der preußische Staat/the Prussian state），不是一个民
族国家（die Nation/a nation），① 只包括有限的几个行省；

---

　　① 在英语中，state 指作为政治实体的一般意义上的国家，nation 则指
近代民族主义兴起后被设想为由单一民族构成的国家，也就是所谓"民族国
家"。民族国家有时也会用 nation state 来表示，因此，state 含义简单，就是
单纯的由政府统治的国家；nation 则有民族的含义，有时指国家，有时则仅
仅指民族。应该说，nation 的复杂性是欧洲近代历史发展的一个独特现象，
但当西方的国家概念、民族观念、政治话语扩散至全世界后，这个词在非西
方国家的使用，常常造成更复杂的混乱。从后文阿什利的用词看，施穆勒大
概认为，state 提供了一个躯壳，nation 则是躯壳内的生命力。德国统一之
后，民族主义史学把普鲁士描画为德意志民族主义的代言人，但实际上，普
鲁士一直是一个多民族国家。哈夫纳正确地指出："普鲁士并非一个民族国
家，而且也不打算成为一个民族国家，它仅仅是一个国家，就此而已。它是
一个理性的国度，向所有的人开放。每个人都享有同等的权利，但也必须承
担同等的义务——在这方面也不打折扣。"腓特烈大帝那句"国王是国家的
第一公仆"是对普鲁士王权特点的传神刻画，然而，那句被反复说的话的法
文原始版本里使用的字眼，不是后来常用的"仆人"（serviteur），而是"家
奴"（domestique）。参考赛巴斯提安·哈夫纳：《不含传说的普鲁士》，
第 78—79；第 67 页。

当它采取一种保护主义制度（System）对抗法国、荷兰和英国时，它同时也排斥了其德意志邻邦。真正需要解释的是，普鲁士国家还停留在领地邦国成长的半道上；可以说，它还处在同汉堡、莱比锡、但泽、波兰、萨克森和其他邻近邦国商业竞争的早期阶段；面对这些邻邦，它只能通过一个封闭和排他性的联合体把各行省捆绑在一起，从而利用自身的自然优势。

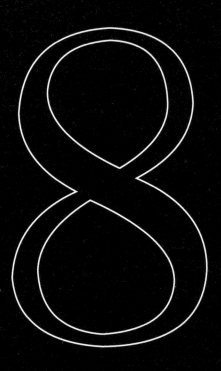

八、 结论

　　我们可以对重商主义制度的历史意义得出一般性的研究结论了。我们的论点基于这样一个命题：尽管是个人和家庭在从事劳动、生产、贸易与消费，但是，那些较大的社会实体，利用其在智力与实践上的集体态度与行为，创造了社会对内与对外的所有经济安排，而每一个时代一般性的经济政策和特殊的商业政策，亦依赖于这些实体。我们看到了对于经济团结的感情与认同，无论来自内部还是外部，都必然同时创造出一种集体的利己主义。每一个时代的商业政策都从这种利己主义中得到动力。

　　其次，我们强调了这样一个命题，即历史进步主要包含于越来越大的共同体的建立过程中，大型共同体作为经济政策的掌控者取代了小型共同体。在我们看来，17 世纪与 18 世纪似乎是现代国家（moderne Staaten/modern states）

与现代国民经济（moderne Volkswirtschaften/modern national economies）诞生的时间；因此，那个时代必然以具有严厉又粗鲁特性的一种自私的国家（nationale/national）商业政策为其特质。这一政策在细节上是否受到正确的指导，取决于统治者的个人方针和智慧；政策在整体上是否合理，或者作为一个整体是否有成功的可能性，则往往取决于它是否跟国家和经济生活的大涨潮同时发生。

19 世纪的进步超越了 18 世纪所依赖的重商主义政策，这取决于国家联盟、关税与贸易事务上的同盟之创建，取决于所有文明国家的道德与法律共同体，正如现代国际法越来越多地通过一种国际条约的网络（Netz/network）而得以实现，而这仍然遵循了更大的社会共同体持续演化的思想。

然而，理所当然的是，在这些现象旁还存在着别的同样重要的相互关联的现象，同样有助于解释 19 世纪跟 17 世纪、18 世纪的区别。社会实体之间的斗争，有时以军事的形式，有时仅仅以经济的方式，具有一种趋势，即随着文明的进步，呈现出更高级的品质并放弃了其最粗鲁与最野蛮的武器。共同利益、友善交往、在交易中互利互惠，这些人类的本能变得更强烈了。通过这种方式，市镇与领地邦国的竞争随着时间推移而软化与缓和，直到更大的社会实体即国家（die Staaten/states）建立起来后，一种道德力量被置于国家的基础上，使较大的共同体内部的成员有义务去教育与帮助其较弱的同胞。

因此，当18世纪的国际竞争达到其顶点时，一种具有人文关怀的世界主义理想开始注入人们脑中，使其认为欧洲国家间的经济斗争需要一种政策上的转变。在美国独立战争之后，在南美洲的殖民地从其宗主国解放之后，在维持残酷的旧殖民政策变得日益困难之后，在国际法变得更加进步之后（没有人比腓特烈大帝更积极地致力于此），在互惠原则于国际贸易中扩散之后，一种更人道的竞争就有可能兴起了。毫无疑问，我们必须将这一运动视为人类取得的一项伟大进步——这一运动在1860—1875年的自由贸易时代曾达到其第一个大高潮，尽管与之相伴的是对其过度的与片面的称颂。人们可能会说，17世纪和18世纪创造了现代国民经济，19世纪则使国家之间的关系变得人性化。这就是我们的观点，我们能够使自己超越于无节制的欲望的猜疑，去陈述过去那些痛苦的商业斗争，陈述英格兰的私掠船与殖民征服战争，陈述18世纪的贸易禁令与航海法令，就像去提出我们自己时代的理想一样。

但我们必须声明，公允地说，抨击旧重商主义制度的文学-空想运动脱胎于乌托邦，尽管对公众观念的转变起到了酵母的作用，却远离真实的生活。在我们今天看来，英国在 1750 年至 1800 年间，通过关税和海战、经常性的暴力等手段，配以常常最为顽固的民族自私心，登上了其商业霸权的巅峰；然而，也正是这同一个英国，在同一时间向世界宣告，只有个人的利己主义是正义的，国家和民族的自私心永远是不义的。这样一种梦想着无国界的个体竞争，以及所有国家的经济利益和谐共存的学说，由英国人提出来，难道不是一种命运的嘲弄吗？

我们这个时代的任务，就是以更高的站位来研究历史的这两个阶段，对这两个时代的理论与理想、真实的心理动机与实践的结果，赋予其应有的价值——唯其如此，我们才能理解它们。

1883 年 9 月 30 日

英译本附录一：
18 世纪普鲁士的丝绸工业

1892 年

　　多年前我已尝试指出，作为整体的重商主义政策只有被视为创造较大的经济与政治共同体的一个阶段和一种手段时，才能得到理解。当中世纪的城市国家和大贵族作为社会生活的合适器官越来越无力提供服务时，当它们在斗争中一个接一个退化至无政府状态的混乱时，势在必行的是，应当采用所有可能的手段——如果需要的话，包括"铁和血"——去建立领地邦国和民族国家。开明专制的君主是这一伟大进步运动的代理人和领导者；这场运动注定会摧毁各等级与公会的自由，去创建国内大市场和贸易的自由，去聚合国家所有的资源，不管这种资源是经济的、财政的还是军事的，以便去直面外国人。那些以最快速度变得富强的国家，都以最大的能量贯彻了这一中央集权化的趋势。德意志远远落后于伟大的意大利城市，落后于勃艮第、荷兰、英国和法国，甚至落后于那些更小的北方国家，因为德意志还紧紧地被中世纪的形式束缚着；进一步说，还因为德意志那些稍大一点的领地邦国，实际上也太小了，太碎片化了，太远离海岸了，以至于无法像欧洲西部的国家那样去追求新型的中央集权政策。大选侯迈出了第一步，他试着创造一个德意志-波罗的海国家和一支海军力量，由此而成为波罗的海之主，并控制欧洲东部的商业。这一尝试必然会失败，因为它违背了荷兰、瑞典、丹麦、波兰、奥地利和俄罗斯的利益，还因为以勃兰登堡选侯国的位置和地缘来说，它在那时不足以承担此项重任。这一计划的主要特色是尝试建立海权（Seemacht/maritime power），该计划不可避免被放弃了；只保留了一条开放的通道，通过它，这个年轻的军事与新教国家能够实现其经济目标。土地贵族围绕着勃兰登堡，提供了农业与封建的根基，大选侯的计划是努力在这一根基之外，创造一种能够与西方的文明国家竞争的工业（eine Industrie/an industry），为达成这一目的，使用的手段包括国家支持的移民、受鼓励的工业、保护性的关税。这样一种工业将具有控制国内市场的力量与责任，去提升农村市镇半死的手工业，去一步一步地将国家从对西欧贸易与信贷的依赖中解放出来，并且去强化它对波兰和其他东部国家的影响力。

在这条路上，后来，腓特烈一世和他的大臣们以自觉的目标和充沛的精力前进；然后是腓特烈二世，以更大的胆识和才识追求着同样的目标。对于腓特烈大帝在其政策中如何给予丝绸工业举足轻重的地位——如果不是最重要地位的话——亨茨（O. Hintze）[①] 博士给了一个简单而具有总结性的答案。

从对事实的一般性认识说起，在我们这个铁与煤的时代之前，工业发展的中心与高峰存在于高端纺织品制造业。亨茨博士向我们展示了，经济霸权（die wirtschaftliche Suprematie/economic supremacy）是如何从拜占庭转移到意大利，又如何从威尼斯、热那亚、佛罗伦萨和卢卡，转移到了米兰和皮埃蒙特这两个更伟大的意大利城市，再从意大利转移到西班牙和法国，接着是荷兰与英国；他还展示了这种转移经常是如何伴随着丝业与毛织业的兴起的，后者既是转移的结果，又是转移的原因。绝不能说生丝生

① 19 世纪德国的历史学家。

产（Seidenbau/production of raw silk）本身催生了丝绸工业（Seidenindustrie/silk industry），尽管不时有这种论点；实际上丝绸常在不产生丝的地方生产，甚至在意大利和法国，丝绸工业也只是一种历史演化的结果，而且出现得相对较晚。法国和英国为了创立它们的丝绸工业，以最大的牺牲动用了所有政治资源（staatliche Mittel/political resources）进行安排。1667 年，里昂有 2 000 台织机，1752 年增加到了 9 404 台。在英国对抗法国的重大经济斗争中，1688 年英国颁布的禁止从法国进口丝绸商品的法令，或许是继《航海法令》与海战胜利之后，最值得英国人吹嘘的事。到那时为止，每年有价值 500 000 英镑的丝绸商品从法国出口到英国；至 1763 年，英国丝绸工业已经雇用了 50 000 人。[①] 但不仅仅是大国，那些稍小的国家，同样打算不惜代价来发展自己的丝绸制造业。最早将丝绸带进欧洲的是意大利商人，意大利的织工和染工紧随其后自己生产。苏

---

① 原注引用了亚当·斯密《国富论》中的讨论。《国富论》中的原话摘录如下："以高关税或绝对禁止的办法限制从外国输入国内能够生产的货物，国内从事生产这些货物的产业便多少可以确保国内市场的独占……丝绸制造业所用的材料虽全系产自国外，但近来也已取得了同样的利益……英国所绝对禁止输入或在某些条件下禁止输入的货物，其种类之繁多，不很熟悉关税法的人是简直极不容易猜想出来的。"见亚当·斯密：《国富论》，郭大力等译，商务印书馆 2015 年，第 425 页。

黎世和巴塞尔、乌尔姆、奥格斯堡、纽伦堡，早在 16 世纪就拥有大批丝绸工人。在 17 世纪的安特卫普，2 000 台织机机声轧轧。在尼德兰，阿姆斯特丹、哈勒姆、乌特勒支靠这个致富，然后被汉堡模仿。比利时和法国的移民以及意大利的工匠，将这个产业带到了丹麦、瑞典和俄罗斯。大约 1700 年时，莱比锡已经有了规模可观的丝绒和丝绸生意，到 1750 年时就有了 1 000 台织机。在普法尔茨、慕尼黑和维也纳，比彻（J. Joachim Becher）① 做了很多努力，希望以公司的形式将丝绸工业引进来；整个 18 世纪，在德意志各邦国的首府均可看到类似的努力。但这些努力只在很小的规模上取得了成功，仅仅在普鲁士，尤其只在柏林，能见到成效。一般来说，尽管汉堡、莱比锡、克雷菲尔德（Krefeld）② 和乌特勒支有更好的条件去获取市场，但在所有其他方面，柏林均适合去支持一个繁荣的丝绸工业；而根据 18 世纪的理念，当勃兰登堡和普鲁士的边区被构想成一个独立的经济体时，准备与荷兰、英国和法国竞争的努力就注定会出现。

---

① 比彻，生卒年为 1625—1685 年，官房主义学者，即德意志的重商主义者。

② 德国西部城市，位于杜塞尔多夫西北、杜伊斯堡西南，离荷兰的鹿特丹港近，18 世纪、19 世纪丝绸工业发达，在后文中会经常提到。

（接下来是有关政府培育产业的手段的记录，以及这一制造业的组织和进步。）①

我们已经看到了这块顽固的土地上的一种工业的基础，这种工业最终发展至在技术上堪称卓越的高度；而这靠的是运用一种始终如一的重商主义政策所能激发的所有手段。几乎没有别的例子里的政策手段，具有如此宽广的范围和如此持久的稳定性。也几乎没有别的政策的例子，是如此谨慎，一步接一步，去适应具体的条件。我们所研究的原本是一种家舍工业，它已经部分地转变为工厂形式，但其工人们仍然被行会规则、国家控制和政府检查保护着。我们要探讨的是一种为广阔的国内外市场生产的工业，以及在其中居于可以想象的最困难位置的雇主（undertakers，德文 Unternehmer）② 和包买商（factors，

---

① 英译本省略了普鲁士具体的产业政策和丝绸工业发展的史实。

② 英译本认为该词指代不明，援引经济学家马歇尔（Alfred Marshall）的话，称"最好将 undertaker 视为那些在有组织的工业中以承担风险和生意管理为其职责的人"。当代学者对英国丝绸工业史的研究指出，最迟在 1812 年时，制造业中的师傅（master）已经能够通过"undertaking"制度来控制产业。制造者将丝绸束好染色后，提供给"undertaker"，而"undertaker"负责提供织机，但不管工作是不是在家里完成，或者是不是由学徒和帮工经手完成。由此可见"undertaker"的角色、特点与性质。这段描述见 Maxine Berg：*The Age of Manufactures*，1700—1820：*Industry, innovation and work in Britain*，London and New York：Routledge，1994，p. 221。

德文 Verleger)①。尽管得到了国家的种种支持和保护，他
们不得不苦苦应对最严酷的竞争，应对变化的市场机会，
以及同时在最艰困的制造与贸易两个领域承担重任。

　　这一努力在整体上成功了。1780—1806 年，柏林与其
他地方相比，其丝绸工业要几乎高一个等级。主要依托丝
绸工业，柏林成了一个重要的工厂城镇（factory town），
而且这个城市的居民有着德意志最好的品味。很显然，柏
林人无法像早起步三个世纪的里昂的制造者那样，以极低
的成本生产；在很多高档产品方面，他们落后于克雷菲尔
德、瑞士与荷兰；但他们已经赶上了汉堡和萨克森。他们
在 1806 年还没有底气无视拿破仑战争带来的生产上的波
动——那是一个漫长而可怕的困厄时代，与之相伴的是行
会制度突然被摧毁，旧的规则与所有的国家支持，连同进
口禁令一起，都被消灭了。但此后，在勃兰登堡的边
区，1503 台织机于 1831 年重新开工，到 1840—1860 年间

---

　　①　中国学者将德文 Verleger 译为包买商。英译本指出，该词所指称的
对象，有时给小生产者一点和产品价格差不多的预付款；有时给小生产者原
料并按件付工资；有时甚至给小生产者提供主要的生产工具或机器。但这个
词到 19 世纪末就已经不是在英语中流行的词了。在英语中，factor 一词在 18
世纪被一般性地用来描述"Verleger"，而每一种行业对于扮演该角色的人有
不同的称谓，例如，西英格兰羊毛制造业中用的是"clothiers"一词。在诺
丁汉的袜子贸易中，putter-out（中文通常译为"外放分工"或"外包"）一
词的指称，或许与"Verleger"最为相当。

增长至 3 000 台；因此，显而易见的是，大多数 1806 年之前就已经扎根的商业传统，在至少两代人之后，甚至在国际贸易自由竞争的时代，有能力去恢复它们自己。事实上，在 19 世纪 60 年代与 70 年代，由于柏林的生活成本提升，以及来自克雷菲尔德和国外的竞争更加激烈，大部分柏林的生意人、资本家和工匠，都转行了——与此同时，传统工业里的一部分，比如印染业，则甚至以一种更加繁荣的状态维持着自身——这一事实，是从反面证明柏林丝绸工业在此前的 18 世纪确实成功了的证据。

那个时代之前的人们所接受的任务，是使普鲁士国家在核心的工业里占有自己的份额，并且通过工业这一形式，去确立西欧那些更高级文明所具有的本质特征。这个国家在接近荷兰的遥远而孤立的领地，比如克雷菲尔德，确实拥有繁荣的丝绸制造业，但这不足以弥补该产业远离东部的欠缺。一次又一次，腓特烈大帝努力地劝说莱恩（von der Leyen）兄弟带上他们的部分生意到东部来，结果只是徒然。于是，他不得不采取别的方式去实现其目标。在他统治期间，他为丝绸工业投入了大约 200 万塔勒，事实上超过了对任何别的制造业的投资。腓特烈大帝获得了什么呢？重商主义者称，他拥有了一门每年产值

达 200 万塔勒甚至更多的工业——不！他创造了一门到 19
世纪就消失了的工业，自由贸易论者如是说。要我说，
这 200 万塔勒应该被看成一种培训开支，是花在教育上的
钱，给柏林和普鲁士的东部省份灌输了一个工业国所不可
或缺的力量与才干，以及态度和习惯。这些东部的封建领
地只有穷困的村镇和小手艺人，想要建立以世界市场为目
标的高档制造业，引入雇主和工匠是不可或缺的。引进外
国商人和对本地劳动力进行培训，只能是一种政治艺术，
既追求目标，同时又创造实现目标所需的材料。具有标志
性的是，在包买商中，我们最初只能看到法国人和犹太
人，而工匠也都是外国人，主要是里昂人和意大利人，但
到 1800 年时，在这两个阶层中已经充满本地人了。或许
可以如实说，通过为腓特烈大帝的丝绸工业服务，犹太人
报答了他宽宏大量的雅政。通过这种方式，柏林最优秀的
犹太家族，① 获得了他们的社会地位，与此同时将纯粹商
业的希伯来身份转变为了一种工业的身份：他们自身的特
质在历史进程中改变了，并与国家和社会并肩成长。最为
重要的是，1800 年的柏林已经有了一个技艺高超的工人阶

———————————

① 原文举了四个例子：Mendelssohns、Fredländers、Veits、Marcuses。

级，以及一个拥有资本和经营才能的企业家群体——这一事实就是腓特烈大帝产业政策留下的伟大成就，不管他的丝绸工业本身是否继续存在。

而且这项政策的其中一个优点是，它以清晰的理解，持续朝向一个双重的目的努力：最初由国家用政治手段去创造一种繁荣的工业，然后，尽可能迅速而完全地，让其找到自己的立足点，创造生机勃勃的私人企业——由此给自己提供剩余回报。相似的是，在类似克雷菲尔德——它因为靠近荷兰而拥有优越的条件，能够不需要保护性的关税、补贴或规则就创造出可观的工业——的地方，国王也就不对其考虑国家干预：他最多就是支持一下莱恩兄弟事实上的垄断，因为他看到这个伟大的家族能够以一种典范性的方式提升和引导整个工业。进一步说，他的行政智慧，并不沿着僵硬的计划路线前进，而是依据他面对的人和环境调整，精确地同时运用看起来相异的产业政策（Industriepolitik/industrial policy）：在柏林进行最全面的国家控制，在克雷菲尔德则完全自由放任（laissez-faire）。

事实就是，腓特烈大帝本人，在他内心最深处，信奉着启蒙时代的个人主义哲学原理，但同时又是开明专制君主最后的代表。在他治下，普鲁士国家既被置于法治、思想自由和个人主义的基础之上，又被置于纪律、服从和等级严明的基础之上。如果他没有将这些罕有的品质缝合于他个人之身，他就不能成为"大帝"，而当他去世时，施瓦本的农夫也就不会问那个天真的问题："那么，接下来谁将统治世界呢？"

　　那些教条分子，一群汪汪叫的杂种狗，① 当大帝死时并不理解他，现在对他和他的政策也没有理解得更好。他们对于国家和国民经济的构建中所面临的巨大困难仍然缺乏理解。关键在于：当文明发展时，国家和国民经济的各部分越来越分化，每一部分都成为拥有自己器官的分离圈子；但这些分离的部分必须不断地再次寻求一种方式，去实现统一的引导、不断增长的交往以及和谐的联合。伟大时代和伟人的秘密就隐藏于伟人对这双重发展的思考中，隐藏于他们鲜活个性对他们自己的塑造中，隐藏于他们让个人生活以多样的形式自由发展中，也隐藏于他们有能力将新力量与旧传统融为一体中。当国家变得更大，当社会

---

　　① 英译原文为 yelping curs（德语 die kleinen Kläffer），这一比喻可见施穆勒好斗的个性，在一定程度上也就不难理解他为何引发了与奥地利学派的方法论大论战。但事实上，这种文风，在 19 世纪的德国论著中，并不罕见。

关系变得更复杂，人们也就越来越难认识到这种理念，即：经济力量除了自足存在，还应全力服务于国家；以及追求着自己目的的国家，也必须用其一切权力和全部成员去切实服务于国民经济。普鲁士国家——用它固有的形式以及18世纪之后改变的风格——比当时其他任何国家更接近于达成这一理念。我们或许应该反思，今天的我们，在更为困难的条件下，是否离此理念更近。

英译本附录二：
霍亨索伦家族世系与在位年份

该附录梳理了至腓特烈大帝为止的霍亨索伦家族世系，以便非德语读者弄清到底是哪个"弗里德里希"（即"腓特烈"）干了哪些事。目前关于普鲁士历史的中文图书已较多，翻译此世系表意义不大，故仅节译其大略，并参照其他图书作若干补充说明。[①]

勃兰登堡选侯时期

弗里德里希一世（1411—1440）

这个"霍亨索伦的弗里德里希"作为纽伦堡领主，花

---

① 主要包括：赛巴斯提安·哈夫纳：《不含传说的普鲁士》，周全译，左岸文化 2012 年；克里斯托弗·克拉克：《钢铁帝国：普鲁士的兴衰》，王丛琪译，中信出版集团 2018 年。

了 40 万金古尔登，被神圣罗马帝国皇帝西吉斯蒙德册封为勃兰登堡边区伯爵。勃兰登堡原有的统治家族于 1320 年绝嗣。

弗里德里希二世（1440—1471）
1455 年购回被皇帝西吉斯蒙德卖给条顿骑士团的勃兰登堡新边区。

阿尔伯特·阿希里斯（1471—1486）
1473 年的继承法（Dispositio Achillea）确保了勃兰登堡世袭领地的完整与统一。

约翰·西塞罗（1486—1499）

约阿希姆一世（1499—1535）

约阿希姆二世（1535—1571）
1539 年在勃兰登堡推行宗教改革。1544 年创办柯尼斯堡大学。

约翰·乔治（1571—1598）

新边区最终并入。

约阿希姆·弗里德里希（1598—1608）

1604 年 12 月 13 日，约阿希姆·弗里德里希宣布成立枢密院，包括 9 名顾问，展现了集权趋向。

约翰·西吉斯蒙德（1608—1619）

1618 年约翰·西吉斯蒙德被承认为普鲁士公爵，当年，三十年战争爆发。

格奥尔格·威廉（1619—1640）

腓特烈大帝评价格奥尔格·威廉"不具备管理能力"，普鲁士的历史记录称其"没有决断的头脑"。三十年战争期间他试图在两大阵营间保持中立，非但未成功，反令勃兰登堡与普鲁士成为主要战场之一，遭受严重破坏。

"大选侯"（The Great Elector）弗里德里希·威廉（1640—1688）

以"大选侯"著称的"弗里德里希"，在其治下，勃兰登堡与普鲁士开始崛起。他是一名重商主义君主，致力于航海与贸易。从 1660 年起，大选侯成为帝国领地之外的普鲁士公国的主权统治者。

普鲁士国王时期

弗里德里希一世（1701—1713）

1701 年 1 月 18 日，勃兰登堡选侯弗里德里希三世于柯尼斯堡被加冕为"普鲁士国王"，成为普鲁士国王弗里德里希一世。

弗里德里希·威廉一世（1713—1740）

弗里德里希·威廉一世系弗里德里希一世之子，在位期间进一步加强集权，1717 年开始在普鲁士引进国民义务教育。

腓特烈大帝（1740—1786）

普鲁士国王弗里德里希二世，以"腓特烈大帝"的中译名闻名。

附录:

施穆勒与德国工业文化

严　鹏

严鹏按：此处所收《施穆勒与德国工业文化》一文写于 2020 年，是更为宏大的世界产业政策史研究的一部分。从历史上看，工业文化的产生与重商主义产业政策的推行有密切关系，而各国的产业政策传统本身又可能成为该国经济思想的重要组成部分，也就是一种具有传承性的文化。毫无疑问，腓特烈大帝的产业政策启发了施穆勒，而施穆勒的历史研究又使腓特烈大帝的产业政策成为一种精神与观念上的典范，能够垂训后世。从这个角度说，施穆勒参与建构了德国的工业文化。《施穆勒与德国工业文化》一文作为从更大的研究中摘取的一小部分，省略了背景与先行讨论，但论述相对完整，可以独立成篇。而由于该文对施穆勒的研究主要基于《重商主义制度及其历史意义》，相当于对该书的深度分析，故本书读者对该文不难理解。这篇文章最大的特点在于从施穆勒的产业政策论说中抽象出一般机制，归纳为一个文字模型，这种跨越时空的思想史解读及随之产生的思想创造，赋予了《重商主义制度及其历史意义》更大的历史意义。

历史的诡谲之处在于，尽管在实践层面，英国实施了程度最深的重商主义产业政策，但由于在文化层面，英国发展出了反重商主义的古典政治经济学，故而提起重商主义与产业政策，人们更多地会想到柯尔贝尔的法国或俾斯麦的德国。俾斯麦本人并非李斯特学说的信徒，甚至于这位大地主对工业也缺乏好感，但由于他主政期间推行了有利于德国重工业的保护性关税制度，世人往往将其视为李斯特学说的践行者。文化具有符号属性，成为符号的人物，其实际想法有可能与符号所欲表达的含义相背离，但这并不妨碍符号本身具备思想寄托、价值传承与精神感召的功能。进一步说，产业政策也可以成为一种包含象征性符号的文化。从历史的沉淀来看，《航海法令》、柯尔贝尔、腓特烈大帝、李斯特和俾斯麦，都是产业政策在文化层面的符号。19 世纪的德国历史学派经济学，是将产业政策凝结为文化的重要力量。

运用历史方法抨击斯密学说的李斯特，被认为是德国历史学派经济学的先驱。实际上，德国历史学派经济学的主要元素已经包含在李斯特的学说中了。这些元素包括运用历史方法进行研究、重视精神与文化的作用、强调制度等非经济因素对经济的影响、鼓吹国家干预与产业政策的正当性，等等。不过，李斯特更多的是一个社会活动家而非学院派学者，要等到德国大学里的学者们也开始接受、研究并教授包含这些元素的经济学后，一个具有思想共性与师承关系的学派才真正形成了。概括地说，德国历史学派经济学分为老历史学派与新历史学派，前者的代表性学者为威廉·罗雪尔，后者的代表性学者为古斯塔夫·冯·施穆勒。到 19 世纪晚期，又有所谓最年轻的历史学派之说，其代表性学者为维尔纳·桑巴特与马克斯·韦伯。①

----

① 老历史学派英文为 Older Historical School，新历史学派英文为 Younger Historical School，桑巴特与韦伯一代学派的英文则为 Youngest Historical School，中文学界将老历史学派译为旧历史学派无法表明德国历史学派具有明显的代际更替特征，至于将最年轻的历史学派译为"新新历史学派"则词不达意甚矣。

老历史学派的开创者罗雪尔从学术训练的角度看，实际上是一个历史学家而非经济学家。罗雪尔出生于高级法官家庭，在哥廷根大学和柏林大学专攻历史学和政治学，其学位论文为《伟大诡辩家们的历史学说》。1840 年，罗雪尔出任哥廷根大学历史学及国家科学讲师，最初的讲义为《修昔底德的历史方法》。1848 年，罗雪尔赴莱比锡大学教授政治经济学，系统地将修昔底德的历史方法运用于经济学研究中。在罗雪尔求学的时代，政治经济学在英国也只是一门新兴的学科，故罗雪尔以历史学家的身份从事政治经济学研究并不稀奇。1843 年，罗雪尔出版了其讲稿《历史方法的国民经济学讲义大纲》，堪称老历史学派的纲领。在这本讲义里，罗雪尔阐述了他心目中的历史方法的基本原则及其意义。罗雪尔将与历史方法对立的抽象研究方法称为"哲学方法"，他写道："哲学家尽量抽象地、脱离一切时间和地点的偶然性去寻求概念或判断的体系；历史家则尽量忠实地描绘现实生活，寻求人类的发展及其关系的记述。"罗雪尔认为，对于研究国家治理的问题来说，哲学方法脱离实际："哲学的国家学说最通常的表现形式是理想国的形式，其表现有各种各样，其根据和结果也极不相同。但几乎所有的国家理想，尽管看来好像是抽象

的，其实都不过是它的作者在现实条件的制约下，或它的
作者所属党派力求实现的政治状态的一种不甚高明的描绘
罢了。"[1] 反过来说，罗雪尔的历史方法是一种经验主义的
培根式归纳法，并遵循了修昔底德与马基雅维利的现实主
义政治传统："对于人类政治激动的分析——这只有通过
对一切已知的国民进行比较，才可能明确。各个国民发展
中的类似性，可归结为一种发展规律……历史方法的最高
目的在于以科学的形式将人类所已获得的政治成果留给后
代。"[2] 在此，罗雪尔不过重复了李斯特对斯密的方法论批
判，但其论述更为严谨。罗雪尔讲义的参考文献中列有李
斯特的著作，在第二章《工业》中，罗雪尔讨论了产业政
策即"保护制度"，其观点与李斯特接近。罗雪尔不否认
保护主义的产业政策的"实际经济作用"会损害消费者福
利，例如，进口税"妨碍消费者获得最好或最廉价的生
活"，而出口奖励金只是"使某一阶级获利"。[3] 但是，罗
雪尔指出"保护制度"具有积极的"政治意义"，即："这
种制度直接使国民蒙受牺牲。不过这种牺牲是在交换价值

① 威廉·罗雪尔：《历史方法的国民经济学讲义大纲》，朱绍文译，商务印书馆 1981 年，第 11 页。
② 威廉·罗雪尔：《历史方法的国民经济学讲义大纲》，第 12 页。
③ 威廉·罗雪尔：《历史方法的国民经济学讲义大纲》，第 86 页。

上带来的。在生产上，我们可以靠这种制度获得各种生产力。在纯粹的农业国家，它的人口和资本的数量，还有它的劳动和资本的能力，都不及工业国充裕，甚至它的各种自然力也都未能得到充分的利用。因此，上述这种初期的牺牲也可以说好像植物的种子一样。"[①] 罗雪尔实际上复述了李斯特的生产力理论。而运用产业政策推动后发展国家的工业化，也由此成了德国历史学派经济学的核心主张。

新历史学派的大师施穆勒同样为重商主义产业政策进行了正名，并开辟了经济学的重商主义研究的重要传统。施穆勒于 1838 年 6 月 24 日出生，毕业于图宾根大学，1865 年成为哈雷大学的政治科学教授，1872 年在重组后的斯特拉斯堡大学任教，1882 年成为柏林大学的教授，1887 年入选普鲁士科学院。在老历史学派的影响下，施穆勒主张用历史方法研究经济学，其论著主题涉及改革时期德意志的经济思想、19 世纪德国的小型工业、斯特拉斯堡的布商与织工行会、腓特烈大帝的经济政策、商业经营的历史演化等。施穆勒持社会改良观点，又被讥讽为"讲坛社会主义者"，但对德国福利国家的建设有重要影

---

① 威廉·罗雪尔：《历史方法的国民经济学讲义大纲》，第 87 页。

响。1884 年，施穆勒出版了德语专著《腓特烈大帝的经济政策》，其中的一部分后来被英国历史学派经济学家阿什利（W. J. Ashley）抽取出来译为英文出版，名为《重商主义制度及其历史意义》（*The Mercantile System and Its Historical Significance*），系施穆勒论著少有的英译本。由于现代西方主流经济学的话语权掌握在英语国家手中，因此，《重商主义制度及其历史意义》成为施穆勒仅有的仍在被当代经济学者广泛阅读的代表作，但施穆勒也凭借该书持续影响着经济学界对于重商主义的认知。

《重商主义制度及其历史意义》按其内容可分为七个部分，分别为：经济演化的阶段、乡村、市镇、领地邦国、民族国家、重商主义和民族共同体。施穆勒首先提出了经济具有不同演化阶段的论点，然后按时间顺序论述了欧洲经济在不同演化阶段里的发展历程及其主要特征。施穆勒认为政治对于经济具有某种决定性："在任何时代，主要的经济制度，全由当时最重要的政治实体的性质所决定。在经济发展的每一个阶段，起引导与控制作用的部门都隶属于民族或国家生活中的某种政治组织。"[1] 因此，施

---

① Gustav Von Schmoller：*The Mercantile System and Its Historical Significance*，London：Macmillan & CO.，Ltd.，1897，p. 2.

穆勒对经济演化阶段的划分，是以欧洲政治实体的组织形式变迁为标准的。在这种演化视野下，西方世界的经济史呈现出政治实体规模越来越大，而国家介入经济的力量越来越强的趋势。施穆勒观察到了欧洲现代国家形成与现代经济发展之间存在着密切关系。这一历史进程是在各种政治与经济斗争中完成的。施穆勒在描述 15—17 世纪的历史时写道："我们的目的是通过勃兰登堡这一个特殊例子表明，在 15 世纪至 17 世纪期间，建立德意志领地邦国不仅是政治上的必要，而且是经济上的必要。同样的情况也发生在其他地方。荷兰的诸邦，法国的行省，意大利的城市国家均出现了同一现象。我们如把这一伟大的历史进程进行研究，便知道它使地方情绪和传统得到了加强，整个领地邦国的社会和经济力量得到了巩固，重要的法律和经济机构得到了建立；此外，这样联合起来的力量和制度将引起同其他领地邦国的竞争与战斗，包括大量通行税的征收、货物和船只的没收、禁运和货物销售战、进出口的禁止或诸如此类之事；与此同时，在邦国内部，旧的对抗缓和了，贸易也更加自由了。"[1] 这种竞争对政治实体规模的

---

[1]　Gustav Von Schmoller：*The Mercantile System and Its Historical Significance*，pp. 43-44.

扩大提出了要求。施穆勒指出，16世纪下半叶和17世纪正是欧洲经济转型的时代，"道路已十分明了"，向全球市场的扩张"只有成为大国才有可能"，因为这种扩张"必须有强大的舰队，或一个大的贸易公司，或其他一些相当的国家性组织"。① 于是，历史演化的结果是："所有这些力量汇集在一起，推动社会在更广泛的基础上进行某种大规模的经济改组，并导向建立具有相应政策的民族国家。"②

论述至此，施穆勒关于重商主义的核心观点便由历史引申出来了："只有考虑过重商主义的人才会理解它；它的最核心不过是国家的构建——不是狭义上的国家的构建，而是同时构造国家和国民经济；近代意义上的国家的构建，是由经济的共同体创造出政治的共同体，并赋予它深远的意义。这一制度的本质，并非基于某种货币的学说，或贸易平衡的理论，也并非基于关税壁垒、关税保护或者航海法令，而是基于更远大的事物，即基于社会及其组织、国家及其机构的全面变革，也基于以民族国家的经

---

① Gustav Von Schmoller：*The Mercantile System and Its Historical Significance*，p. 46.

② Gustav Von Schmoller：*The Mercantile System and Its Historical Significance*，p. 47.

济政策取代地方和领地邦国的经济政策。"① 重商主义的演变与现代国家的形成是一体的政治经济历史进程，施穆勒将这一观点深深地植入经济学里，形成了与斯密完全不同的评价重商主义的理论。诚然，李斯特早已批判过斯密，并为重商主义正名，但李斯特在很大程度上与斯密一样，只是在讨论经济问题，而施穆勒看到了隐藏在重商主义背后起支配作用的政治力量。这一政治力量就是国家理由。现代国家的形成，只不过是国家理由要给自己寻求外壳以便栖居其内，重商主义则不过是打造这一外壳的手段而已。

所以，施穆勒的目的并非探讨重商主义产业政策的各种具体形式，毕竟，每个国家在不同情境下采取的措施与手段很可能完全相反："有的是提高关税，有的是降低，有的是阻止而有的却是鼓励谷物贸易。"他想要揭示的是近代早期欧洲各国重商主义产业政策的共性规律，即所有的重商主义产业政策都由国家理由决定，并随着国家利益的变动而变动："各地的想法都是这样的：当与其他国家

---

① Gustav Von Schmoller：*The Mercantile System and Its Historical Significance*，pp. 50-51.

的竞争上下波动时，便按照国家利益的要求，把国家权力纳入衡器中称量。"① 在这句比喻里，施穆勒将国家利益视作天平上的重物，天平因国家间的竞争而失衡，重商主义产业政策如同砝码，依据不同的情形进行增减，使平衡恢复。有些学者认为施穆勒倡导一种自给自足的重商主义理论，实际上，那只是他在说明近代早期欧洲经济发展的特性："每个新的政治团体的形式，都要有一种强烈的和排他的共同情感，作为它们的力量根基。对它来说，争取自给自足和独立的斗争是很自然的，就像一种毫不犹豫地进行激烈竞争的精神，目的是要赶上、超越和粉碎它认为是敌人的对手。当时的商业政策完全以自给自足（autarchy）的规律为指导。而实现自给自足后的努力，自然地在国家的青春期，以一种特别猛烈的和一边倒的形式表现出来。……在 17 世纪和 18 世纪，各国之间的关系，尤其经济关系，是特别仇视和对立的，因为新的经济-政治创造物们在初次尝试它们的力量，又因为这些可观的政治力量都是首次被用于追求商业、农业和工业的目标——这些力量似乎只要得到正确使用，便可以给每个国家带来数不尽

① Gustav Von Schmoller：*The Mercantile System and Its Historical Significance*，p. 59.

的财富。"① 施穆勒指出，近代早期的欧洲大国依靠政治权力也就是推行产业政策去获取财富，而这一历史进程伴随着狭隘的竞争心态，带来了残酷的战争。这种狭隘的心态，也体现于斯密对英国《航海法令》的溢美之词中。因此，施穆勒对重商主义的描述，只是道出了近代欧洲人的某种共识。实际上，施穆勒将自由贸易理论的兴起，视为西方世界跨越重商主义时代而进入国家联合阶段的开端："英国的商业伟绩和霸权可以追溯至 1756—1763 年战争的胜利。但是，在拿破仑战争中，英国达到了用武力征服殖民地，并在商业嫉妒的驱使下破坏法国、荷兰、德意志和丹麦等国商船队的历史高峰。英法的商业对抗，一边是英国舰队的无耻暴行，一边是大陆封锁，构成了商业战争时代可怕的结局。此后，另一种精神开始在商业政策和国际道德中产生；当然，旧的传统还没有被完全克服，事实上，只要存在着一种具有独立的国家利益的独立的政治经济生活，它永远也不可能被完全克服。"② 施穆勒并不将重

---

① Gustav Von Schmoller：*The Mercantile System and Its Historical Significance*，pp. 62-64.

② Gustav Von Schmoller：*The Mercantile System and Its Historical Significance*，pp. 68-69.

商主义视为历史的终结，但他也清醒地认识到，只要多国竞争的格局还存在，只要主权国家还追求自己独立的国家利益，重商主义的种种产业政策就不会退出历史舞台。

不过，尽管施穆勒对一种自由贸易的历史新阶段进行了展望，但在一本实际上只是研究腓特烈大帝的产业政策的著作里，他毫不犹豫地为普鲁士实施落后于历史新趋势的重商主义产业政策进行了辩护："1680 年到 1780 年，德意志的问题不在于重商主义政策是否必要和可取；关于重商主义，它是为人所一致赞同并认为是适宜的。重商主义的理想虽然有时以夸张的形式表现出来，或以片面的经济理论尖锐地表现出来，但实际上只不过是一场为建立一个健全的国家和一个健全的国民经济，并为推翻地方和行省的经济制度的强硬斗争。它们意味着德意志对自己未来的信念，意味着摆脱对外国的商业依赖，这种依赖正变得越来越难以忍受，并教育着国家走上经济自给自足的道路。普鲁士军队的胜利以及国家的财政和商业政策，服务于同一目的；依靠这两者，普鲁士在欧洲大国中占据了一席之地。"① 后发展国家必须先补课。施穆勒对重商主义历史的

---

① Gustav Von Schmoller：*The Mercantile System and Its Historical Significance*，p. 76.

研究得出了两个一般性的结论：首先，欧洲的经济演化创造出一种"集体的利己主义"，而"每一个时代的商业政策都从这种利己主义中得到动力"；其次，历史进步的趋势是控制经济政策的政治实体的规模越来越大，"17 世纪与 18 世纪似乎是现代国家与现代国民经济诞生的时间"，这导致该时期的重商主义"必然以具有严厉又粗鲁特性的一种自私的国家商业政策为其特质"，对重商主义政策的评价必须分为两个层面："这一政策在细节上是否受到正确的指导，取决于统治者的个人方针和智慧；政策在整体上是否合理，或者作为一个整体是否有成功的可能性，则往往取决于它是否跟国家和经济生活的大涨潮同时发生。"① 因此，施穆勒的重商主义理论，阐明了重商主义是国家理由的产物，重商主义产业政策是国家理由自我实现的工具。

除了对重商主义的演化与本质有整体性的把握外，施穆勒还研究了具体的产业政策。在英文版《重商主义制度及其历史意义》的附录中，有一篇施穆勒发表于 1892 年的短文《18 世纪普鲁士的丝绸工业》（The Prussian Silk

---

① Gustav Von Schmoller: *The Mercantile System and Its Historical Significance*, pp. 77-78.

Industry in the Eighteenth Century），讨论了腓特烈大帝用产业政策培育起来的普鲁士丝绸工业。施穆勒介绍了 18 世纪的历史背景，指出后发展是当时德意志的基本状态："德意志远远落后于伟大的意大利城市，落后于勃艮第、荷兰、英国和法国，甚至落后于那些更小的北方国家，因为德意志还紧紧地被中世纪的形式束缚着；进一步说，还因为德意志那些稍大一点的领地邦国，实际上也太小了，太碎片化了，太远离海岸了，以至于无法像欧洲西部的国家那样去追求新型的中央集权政策。"① 他认为，在以铁与煤为代表性产业的现代经济兴起前，工业发展的巅峰体现于高档纺织品制造中，丝绸工业是经济霸权的标志。为了给普鲁士的产业政策辩护，施穆勒指出法国和英国都曾想尽一切办法动用所有的政治资源来创造它们的丝绸工业。1667 年法国里昂有2 000 台织机，1752 年增长至 9 404 台。在英国对抗法国的重大经济斗争中，"1688 年英国颁布的禁止从法国进口丝绸商品的法令，或许是继《航海法令》与海战胜利之后，最值得英国人吹嘘的事"。当时，每年有价值 500 000 英镑的法国丝制品输入英国，而在采

---

① Gustav Von Schmoller: *The Mercantile System and Its Historical Significance*, p. 82.

取了禁止进口法国货政策后的 1763 年，英国丝绸工业已经成长为雇用 50 000 人规模的大产业了。^① 施穆勒以英法为例说明重商主义产业政策在 18 世纪的普遍性及其有效性。接下来施穆勒就开始描述德意志邦国尤其是普鲁士如何用产业政策培育丝绸工业了。遗憾的是，英译本略去了政府所采取的具体措施，直接跳到了讨论产业政策效果的部分。施穆勒指出，依靠丝绸工业，柏林到 1806 年已成为工业重镇，并拥有德意志对丝绸产品最具品味与分辨力的居民。他写道："很显然，柏林人无法像早起步三个世纪的里昂的制造者那样以极低的成本生产；在很多高档产品方面，他们落后于克雷菲尔德、瑞士与荷兰；但他们已经赶上了汉堡和萨克森。"1806 年，普鲁士的丝绸工业因战争等问题而遭遇重创，但 1831 年勃兰登堡的边区已有 1 503 台织机恢复工作，到 1840—1860 年间则增长到 3 000 台，施穆勒强调，其中不少经营者的根基可追溯至 1806 年前。^② 通过这些数据，施穆勒试图证明，18 世纪普鲁士的产业政策到 19 世纪仍然有成果保留。

---

① Gustav Von Schmoller: *The Mercantile System and Its Historical Significance*, pp. 83-84.

② Gustav Von Schmoller: *The Mercantile System and Its Historical Significance*, pp. 86-87.

普鲁士的丝绸工业是腓特烈大帝培育的，他为此花费了 200 万塔勒，超过了对其他制造业部门的投入。对这一重商主义产业政策的评价，人们存在着争议，施穆勒如实介绍了对立性的观点："腓特烈大帝获得了什么呢？重商主义者称，他拥有了一门每年产值达 200 万塔勒甚至更多的工业——不！他创造了一门到 19 世纪就消失了的工业，自由贸易论者如是说。"施穆勒自己的看法是："要我说，这 200 万塔勒应该被看成一种培训开支，是花在教育上的钱，给柏林和普鲁士的东部省份灌输了一个工业国所不可或缺的力量与才干，以及态度和习惯。"① 也就是说，施穆勒认为腓特烈大帝的产业政策为普鲁士的后发展地区营造了工业文化，有利于此后普鲁士从农业国向工业国转型。具体而言，施穆勒提醒读者注意，当腓特烈大帝刚开始培育丝绸工业时，工厂的经营者都是法国人和犹太人，工人也都是外国人，主要是里昂人和意大利人，但到了 1800年，普鲁士本地人已经分布于工业部门的各个层级了。他总结道："最为重要的是，1800 年的柏林已经有了一个技艺高超的工人阶级，以及一个拥有资本和经营才能的企业

① Gustav Von Schmoller: *The Mercantile System and Its Historical Significance*, p. 88.

家群体——这一事实就是腓特烈大帝产业政策留下的伟大
成就，不管他的丝绸工业本身是否继续存在。"① 换言之，
施穆勒认为产业政策的作用在于培育工业发展所需的要
素，至于这些要素是否固定地附着于某一具体的工业部
门，则是无关紧要的，只要包括知识在内的诸要素能够在
国家领土内生根与迁移，产业政策就算成功。施穆勒看到
了产业政策所包含的知识与权力的本质。表 1 为施穆勒产
业政策理论的模型示意：

表 1：施穆勒的产业政策模型

时间（演化）→		
启动（权力）	过程（知识）	结　果
产业政策→投资	创造新要素 ↓ 培育新产业	新要素保留→支持工业化 产业成功或失败

施穆勒提出其理论的时代，恰逢德意志帝国工业化高
速发展时期，也是俾斯麦操弄权术制定保护主义关税政策
和构建福利国家制度的时代，因此，以施穆勒为领袖的新
历史学派的理论恰好同德国的经济政策和社会政策相契

---

① Gustav Von Schmoller：*The Mercantile System and Its Historical Significance*，pp. 88-89.

合。新历史学派以及施穆勒本人也因此在德国经济学界呼风唤雨，掌握了一定的人事权，使德国经济学按历史主义的路径发展。德国历史学派经济学的理论能够逻辑自洽地解释德国工业崛起的原因，该理论遂在世界各国引发关注，而该理论对产业政策的肯定也被当时的各国政界与学界广泛接受，重商主义产业政策遂凝结为一种被信仰与传播的工业文化，影响着一系列国家的经济思想与政策选择。